ACTES SUD - PAPIERS
collection dirigée par Christian Dupeyron et Claire David

ISSN 0298-0592 ISBN 2-86943-208-9

Le diable c'est l'ennui

Propos sur le théâtre

Peter Brook

Mise en texte : Jean-Gabriel Carasso,
en collaboration avec Jean-Claude Lallias

CAHIERS THÉÂTRE / ÉDUCATION

n° 4

LE DIABLE C'EST L'ENNUI

Propos sur le théâtre

Avec le soutien du ministère de la Culture et de la Communication (Direction du Théâtre et des Spectacles, Délégation au Développement et aux Formations), du Ministère de l'Education nationale (Direction des Ecoles, Direction des Lycées et Collèges) et du Ministère de la Jeunesse et des Sports (Direction de la Jeunesse et de la Vie associative).

AVANT-PROPOS

Les 9 et 10 mars 1991 à l'Atelier du Chaudron à la Cartoucherie de Vincennes, Peter Brook rencontrait des enseignants et des artistes responsables des classes "Théâtre et Expression dramatique" des sections A3 de plusieurs lycées de France.

Organisée par la Direction du Théâtre et des Spectacles au Ministère de la Culture, cette rencontre avait pour objet une réflexion autour du livre L'Espace vide *(Editions du Seuil), inscrit au programme du baccalauréat.*

Comment rendre à l'écrit cette leçon de théâtre de Peter Brook, en lui conservant son absence de dogmatisme et la jubilation d'une pensée en mouvement ? Avec simplicité, nous avons tenté de garder son caractère vivant – le flux vital – en respectant l'ordre et le rythme de cette rencontre, ponctuée de courts exercices, de questions des participants et de quelques pauses. Avec l'espoir que cette écriture-promenade dans l'espace du théâtre préserve la spontanéité de l'échange.

Nos remerciements à Peter Brook, Micheline Rozan et à Joëlle Goutal (du Ministère de la Culture) qui ont permis la réalisation de cet ouvrage.

PREMIÈRE JOURNÉE

PETER BROOK

J'ai découvert par expérience combien la relation que nous vivons actuellement, entre une personne qui parle et un groupe qui écoute, est importante. Un jour, dans une université anglaise, en faisant les conférences qui étaient à la base de mon livre *L'Espace vide*, je me suis trouvé sur une plate-forme devant un grand trou et, quelque part tout au fond, des gens dans le noir. Alors que je commençais à parler, je sentais que tout ce que je disais, les mots qui se formaient dans ma bouche étaient absolument sans intérêt. Et comme, quand on parle, il y a toujours quelque part une oreille qui écoute, j'étais de plus en plus déprimé ! Je n'arrivais pas à trouver le langage, les images, la manière naturelle de faire passer quelque chose. Je voyais là des gens comme à l'école, comme à l'université, ces contextes très rigides où une personne, un héros parce qu'il se trouve en hauteur, fait face à des gens passifs, misérables, qui s'ennuient sans le savoir, et qui pourtant écoutent.

Heureusement, j'ai eu le courage de demander que l'on arrête, que l'on cherche une autre salle. Les gens sont partis à la recherche partout dans l'université pour finalement trouver une petite salle, trop étroite, peu confortable, mais où nous nous trouvions dans une relation très intense. Lorsque j'ai repris la parole dans ce lieu, je me suis tout de suite trouvé moi-même transformé. Ce n'était pas moi qui avais effectué cette transformation mais le fait qu'il existait alors une autre relation avec les personnes qui se trouvaient là. A partir de ce moment, il était possible non seulement de parler d'une meilleure manière mais encore d'échanger. Les questions comme les réponses venant beaucoup plus naturellement.

J'ai reçu là une de mes leçons les plus fortes sur l'espace, que je relie aux expériences que nous avons réalisées plus tard grâce au Centre international de création théâtrale, créé à Paris en 1970.

Nous avons commencé à faire des expériences en dehors des théâtres. Pendant les trois premières années, nous avons joué des centaines de fois partout, sauf dans des bâtiments construits pour le théâtre : dans des cafés, dans des foyers, dans les rues, en Iran dans les ruines, en Afrique dans les villages, en Amérique sur des places publiques, dans des bars... Nous avons appris beaucoup mais, pour les acteurs, l'expérience révélatrice à l'époque fut de constater la grande différence qu'il y avait à jouer quand on voyait la tête des spectateurs. Plusieurs d'entre eux avaient beaucoup travaillé dans de grands théâtres classiques et pour eux, se trouver par exemple en Afrique dans une relation directe avec le public, avec pour seule source de lumière le soleil partagé par tout le monde, provoquait un choc profond. Je me souviens de Bruce Myers me disant : "J'ai passé dix ans de ma vie en faisant du théâtre professionnel sans jamais voir la tête des gens pour qui je fais tout ce travail. Subitement je les vois. Si on m'avait dit cela il y a un an, j'aurais été pris de panique avec l'impression d'être nu, l'impression qu'on m'enlevait la plus importante de mes défenses qui est de me concentrer sur le travail, sur le partenaire. J'aurais dit : quelle horreur de les voir, eux, ces gens, le public." Subitement il se rendait compte, au contraire, que le fait de voir les spectateurs transformait pour lui et pour les autres le sens même du jeu. Mais nous reviendrons peut-être plus tard sur cette question. Commençons plutôt par le commencement !

TRADUIRE UN TITRE

Vous dire d'abord combien je suis touché par le fait que vous soyez tous réunis ici autour d'un livre : *L'Espace vide*.

Tout ce que j'essaie d'exprimer dans ce livre est contenu dans ce titre. Si nous voulons nous mettre d'accord sur la base même du livre, nous devons nous accorder sur ce qui est suggéré par le titre, à savoir : pour que quelque chose de qualité puisse advenir, il faut d'abord qu'un espace vide se crée. Un espace vide permet à un nouveau phénomène de prendre vie. Si vous regardez bien tous les domaines du spectacle, tout ce qui touche au contenu, au sens, à l'expression même, à la parole, à la musique, aux gestes, à la relation, à l'impact, au souvenir qu'on puisse garder soi-même... tout cela n'existe que si cette possibilité d'expérience fraîche et neuve existe également. Or aucune expérience fraîche et neuve n'est possible s'il n'existe pas préalablement un espace nu, vierge, pur, pour la recevoir.

Quelques mots sur ce titre... Il fut d'abord donné à un cycle de conférences réalisées quelques années auparavant dans des universités. Lorsque j'ai fait le livre, j'ai proposé à l'éditeur plusieurs titres et, pendant des mois, nous avons échangé des lettres à ce propos . Un beau jour, alors que je lui avais envoyé une nouvelle série de titres compliqués, farfelus, romantiques, je reçois un petit mot très poli – les éditeurs anglais ne sont pas du tout interventionnistes – disant : "Pourquoi est-ce que vous n'appelleriez pas le livre, comme vos conférences, *L'Espace vide* ?" J'étais très étonné, je n'y avais jamais pensé. D'une certaine manière, cela montrait une fois encore la même chose, à savoir comment, avec quelle facilité, on comble cet espace avec n'importe quoi.

Le livre fut d'abord publié en anglais, intitulé *The Empty Space*. Lorsque les Editions du Seuil ont décidé de le sortir en France, s'est posée la question de la traduction. L'éditeur m'a présenté un traducteur charmant, très enthousiaste, dont je devais apprendre lors d'une première conversation avec lui, qu'il était romancier. Il avait fait un roman que le Seuil n'avait pas publié, me semble-t-il, et en quelque sorte pour le consoler, il lui avait été proposé de traduire mon livre. Lors de notre rencontre, j'appris d'abord qu'il ne parlait pas un mot d'anglais. "Mais cela ne fait rien, disait-il, on fera un mot à mot." Je lui demandai : "Mais le théâtre, vous aimez le théâtre ?" "Non, je ne vais jamais au théâtre, je n'y comprends rien... mais cela est extraordinaire, se plonger dans un domaine que l'on ne connaît pas, ni la langue, ni les références... c'est fantastique !"

Six mois plus tard arrive une traduction. Je me suis dit : "C'est merveilleux, ce monsieur est comme un espace vide qui arrive." Catastrophe ! Il était tellement respectueux, tellement content d'être dans un domaine où il ne comprenait rien, qu'il avait changé en dogmes, par des nuances de vocabulaire, toutes les propositions qui, en anglais, sont des suggestions. Or, chaque suggestion contient un peu la possibilité de son contraire. Il avait fait cela avec les meilleures intentions, il voulait être fidèle à un livre, fidèle à un auteur et je trouvais dans chaque phrase comme une vérité absolue, affirmée, sans la moindre possibilité d'ambiguïté.

LE MOT JUSTE

Cette traduction était impossible parce que mon objectif n'était pas de faire un livre qui donnerait des règles sur le théâtre, mais au contraire un livre qui serait là pour créer partout des espaces vides, où le lecteur pourrait lui-même revenir à ses propres impressions, ses propres idées, renouveler ses conceptions en les mettant en question. Voyant que cela devenait une sorte de cours magistral, il a fallu chercher d'autres traducteurs. Cependant nous nous heurtions toujours au même problème. Ceux d'entre vous qui connaissent l'anglais savent à quel point il est difficile de le traduire en français parce qu'en anglais on recherche toujours le mot, la phrase aussi ambigus que possible. Le mot juste en anglais est le mot qui n'est pas juste. Or, lorsqu'on le traduit dans une langue dont la beauté est la clarté, la pureté, la transparence et la limpidité, où le mot juste est celui qui dit exactement ce que l'on veut dire, on se trouve toujours en difficulté. En anglais, on peut se permettre l'utilisation de mots "demi-parlés", voire de mots d'argot. Une phrase écrite peut sans difficulté se terminer dans un style parlé. Cela donne une certaine légèreté et enlève entièrement le ton dogmatique de la proposition. Il est très difficile de rendre cela de la même manière dans une traduction.

Alors que nous faisions plusieurs essais de traduction, j'ai eu à nouveau une expérience fascinante par rapport au contenu. Un des traducteurs me dit : "Vous ne pouvez pas dire, en français, «espace vide» parce qu'un espace est toujours vide. Cela fait ridicule ; le mot «espace» signifie «quelque chose qui n'est pas comblé». Si c'est comblé, ce n'est plus un espace. Il faut donc appeler votre livre *L'Espace* !" "Certes, mais ce n'est absolument pas ce que je veux dire, lui ai-je répondu, cela serait horrible." "Alors, vous pouvez l'appeler *Le Vide*", me dit-il...

A force de discuter avec lui, je voyais à nouveau s'opérer le principe même qui est derrière la notion d'espace vide : en discutant chaque mot de cette manière, nous étions en train de remplir à nouveau cet "espace vide" qui a en réalité un sens immédiat, clair, que tout le monde comprend. A force d'analyser, au-delà d'un certain point, en essayant d'être plus juste, le sens même commençait à disparaître. Or le sens est là, projeté de manière très naïve. Nous avons donc accepté finalement ce titre : *L'Espace vide*. Tournons la page. Voici qu'arrive le premier chapitre *deadly theatre* traduit par "théâtre bourgeois"!

LUGUBRE, INSUPPORTABLE ET GLAUQUE

Ce premier chapitre a un but très simple, celui d'ébranler quelques notions. Il me semblait impossible d'aller plus loin sans secouer toutes sortes de notions reçues, sans mettre fortement en question tout ce qui, dans le théâtre, manque de vie. La seule justification de la forme théâtrale est la vie.

Que serait un théâtre sans cet élan vital ? Le théâtre sans vie existe-t-il ? Le constat est que, malheureusement, ce théâtre existe partout. Je voulais lui donner un nom qui ne soit pas agressif car le but du livre est plus de créer un intérêt détendu que d'aller à l'attaque avec violence. En anglais, il existe un mot parlé, pas particulièrement littéraire, qui est le mot *deadly*. Ce mot condamne quelque chose mais avec indulgence.

Nous avons d'abord essayé de le traduire par "moribond", "mortel", mais c'est en même temps deux choses à la fois, c'est "*dead* / mort" mais c'est un mort vivant, et plus ou moins, mais pas tout à fait, mais comme ça, mais pas complètement comme ça... et quand même, il faut l'accepter ! Finalement, le livre est sorti avec une traduction abominable qui est : "théâtre bourgeois" pour *deadly theatre*.

Je dois faire ici une mise en garde. En théorie, le terme de "bourgeois" pourrait être entendu comme un adjectif symbolique, évoquant un certain état d'esprit que l'on peut effectivement qualifier de lugubre, calfeutré, lourd, coupé de la réalité, excessivement confortable, sans vitalité, somnolent. Mais dans les années 1968-1970, lors de la sortie du livre, c'était devenu un adjectif étroitement politique.

Nous avons depuis trouvé deux traductions qui sont, me semble-t-il, plus adaptées. La première est : "insupportable". En français, on dit d'une chose qu'elle est insupportable, et en même temps on la supporte ! C'est presque comme un mot anglais, on dit la chose et son contraire en même temps. Au théâtre par exemple, on peut se tourner vers la personne qui est à côté de soi, surtout si c'est une jolie fille, et lui dire "c'est insupportable" ; elle répond "oui, c'est insupportable", mais on reste ! L'autre mot qui contient à la fois la qualité, la pointe d'humour, la légèreté et la lourdeur en même temps, c'est "lugubre". "Comment était ce spectacle ?" "Lugubre !" Mais "lugubre" suggère en même temps que l'on n'est pas prêt à mettre le feu au théâtre. Aujourd'hui nous pourrions même dire "le théâtre glauque" ! Comme ces possibilités ne venaient à l'esprit de personne, les trois traducteurs du livre se sont mis d'accord sur le "théâtre bourgeois".

CONTRE LES CHAPELLES

L'objectif du premier chapitre était d'aller contre tout ce qui permet à une chapelle de notre théâtre de juger l'autre chapelle, comme si la vitalité appartenait plutôt aux uns qu'aux autres.

Au moment où j'ai écrit le livre – et je crois que cela n'a pas changé – les tenants d'un certain théâtre populaire croyaient que tout ce qui était d'ordre populaire avait automatiquement une vitalité, contrastant avec une chose dépourvue de vitalité qui s'appellerait "le théâtre d'élite". Tous ceux qui faisaient du théâtre intellectuel, c'est-à-dire les petits théâtres, avec des textes très difficiles, sentaient qu'il y avait là une aventure intellectuelle qui contrastait fortement avec l'esprit moribond et dépourvu de vitalité du théâtre de boulevard. De la même manière, ceux qui faisaient du théâtre basé sur les grands textes, sur la haute culture, avaient la prétention de croire que la haute culture introduit dans les veines de la société des éléments d'une qualité infiniment plus effervescente que ce qui se passe dans un public face à une comédie vulgaire. Or, l'expérience que j'avais eue durant des années m'avait appris que cela n'était pas vrai.

Par bonheur, lorsque j'ai commencé à travailler dans le théâtre, j'étais totalement ignorant. Je travaillais dans un pays où il n'y avait pas d'école, pas de maître, pas d'exemples. Le théâtre allemand n'était pas du tout connu, Stanislavski à peine, Brecht très peu, Artaud pas du tout. Il n'y avait aucune théorie et les gens qui faisaient du théâtre glissaient naturellement d'un genre à l'autre. De grands acteurs passaient de Shakespeare à la farce de boulevard, ou à la comédie musicale. Le public et les critiques les suivaient en toute simplicité, sans penser qu'il y avait là acte de trahison. Cette diversité était même pour nous très positive.

EXPRESSO BONGO

Une anecdote à ce sujet... Une année nous sommes allés jouer *Hamlet* à Moscou, avec Paul Scofield qui était déjà un grand acteur. Il avait joué de grands rôles pendant une dizaine d'années et était reconnu en Angleterre comme le plus brillant des jeunes acteurs de son époque. Nous sommes allés jouer *Hamlet* dans la Russie d'autrefois, complètement fermée, je crois même que nous étions la première troupe anglaise à se produire là-bas. Ce fut un événement considérable et Scofield, telle une "pop-star" d'aujourd'hui, eut un succès extraordinaire.

De retour en Angleterre, nous avons continué à travailler ensemble quelque temps, une pièce d'Eliot, une autre de Graham Greene. Un jour, alors que la saison était terminée, on lui a proposé de jouer le rôle d'un impresario "*cockney*" dans une comédie musicale, la première comédie musicale du pré-rock, qui s'appelait *Expresso Bongo*. Paul est venu me voir très excité : "C'est merveilleux. Au lieu de me proposer une autre pièce de Shakespeare, regarde, je peux faire *Expresso Bongo* !" Je l'ai encouragé à le faire, il était très content et la pièce eut pas mal de succès. Pendant que ce spectacle se jouait, arrive subitement de Moscou une délégation officielle d'une vingtaine d'acteurs, actrices, metteurs en scène, directeurs de théâtre. Comme nous avions été si bien reçus là-bas, je suis allé les accueillir à l'aéroport. La première question qu'ils m'ont posée concernait Scofield : "Que fait-il ? Est-ce qu'on peut le voir ?" "Bien entendu, dis-je, il joue actuellement *Expresso Bongo*." Nous avons donc réservé des places et ils sont allés voir la pièce.

Les Russes en général, mais surtout à cette époque, avaient appris que l'on peut toujours se sortir de n'importe quel embarras théâtral avec un seul mot : "intéressant". Ils ont donc assisté au spectacle, rencontré Scofield. Ils étaient très contents, c'était "intéressant". Un an plus tard, nous avons reçu un livre écrit sur le voyage par le numéro un de la délégation, spécialiste de Shakespeare à l'université de Moscou. Dans ce livre, je découvre une mauvaise photo de Scofield, portant le chapeau d'*Expresso Bongo*, avec le commentaire suivant : "Nous étions tous émus par la tragédie de la situation de l'acteur dans les pays capitalistes. On ne pouvait pas imaginer l'humiliation d'un des plus grands acteurs de notre époque réduit, pour faire vivre sa femme et ses deux enfants, à jouer *Expresso Bongo*."

LE THÉÂTRE EST LA VIE

Je vous raconte cela pour vous montrer ce qui me préoccupait avant tout, lors des conférences qui ont précédé ce livre. A savoir, partager avec mes interlocuteurs cette idée fondamentale : le théâtre, c'est d'abord la vie. C'est le point de départ indispensable et il n'y a rien d'autre qui puisse nous intéresser véritablement que ce qui fait partie de la vie, au sens le plus large possible du mot. Le théâtre est la vie.

En même temps, on ne peut pas dire qu'il n'y a pas de différence entre la vie et le théâtre. Nous avons vu en 1968 des gens qui, pour de très bonnes raisons, par écœurement, lassés par tant de théâtres lugubres, moribonds, mortels et "*deadly*"... affirmaient que "la vie est un théâtre", donc qu'il n'y avait pas besoin d'art, d'artifices, de structures. "Partout on fait du théâtre, le théâtre est partout", disaient-ils. "Chacun est acteur, on peut donc faire n'importe quoi devant n'importe qui, c'est du théâtre." Qu'y a-t-il de suspect dans cette idée-là ?

D'un côté c'est tout à fait juste, on va au théâtre pour retrouver la vie mais s'il n'y a aucune différence entre la vie en dehors du théâtre et la vie à l'intérieur, alors le théâtre n'a aucun sens. Ce n'est pas la peine d'en faire. Mais si l'on accepte que la vie dans le théâtre est plus visible, plus lisible qu'à l'extérieur, on voit que c'est à la fois la même chose et un peu autrement.

A partir de cela on peut donner diverses précisions. La première est que cette vie-là est plus lisible et plus intense parce qu'elle est plus concentrée. Le fait même de réduire l'espace, de ramasser le temps, crée une concentration.

Dans la vie, on parle, on bavarde, cette manière tout à fait naturelle de s'exprimer prend toujours beaucoup de temps par rapport au contenu réel de ce que l'on veut dire. Mais il faut commencer comme ça, exactement comme au théâtre on commence avec une improvisation, avec un texte beaucoup trop long. Mais alors, quel est le mouvement de compression ?

Il consiste à enlever ce qui n'est pas strictement nécessaire, à mettre à la place d'un adjectif fade, un adjectif fort, tout en gardant l'impression de naturel. Si cette impression est conservée, alors on arrive à ceci : si deux personnes dans la vie prennent trois heures pour dire quelque chose, sur scène cela prend trois minutes. On observe cela dans les styles aussi limpides que ceux de Beckett, de Pinter ou Tchekhov.

Chez Tchekhov, le texte donne l'impression d'avoir été enregistré au magnétophone, de prendre toutes les phrases dans la vie quotidienne. Or, il n'y a pas une phrase de Tchekhov qui n'ait été travaillée, ciselée, modifiée, mais avec un tel art qu'il donne l'impression à l'acteur de parler vraiment “comme dans la vie”. Cependant, si l'on joue cela comme dans la vie, on ne peut pas jouer Tchekhov. L'acteur, le metteur en scène doivent suivre la même démarche que l'auteur, qui est de se rendre compte que chaque mot, même s'il a l'air innocent, ne l'est pas. Il contient en lui-même, et dans le silence qui le précède et qui le suit, toute une scène, une complexité de charges entre les personnages. Si on arrive à trouver cela, et si en plus on cherche l'art nécessaire pour le cacher, alors on arrive à dire ces mots simples en donnant l'impression que c'est la vie. Effectivement, c'est de la vie mais c'est de la vie sous une forme plus concentrée, plus courte, ramassée dans le temps et l'espace. Nous voici revenus à la question de l'espace.

L'ÉTINCELLE, CHAQUE SECONDE

Tout le problème est de savoir s'il y a cette étincelle, cette petite flamme qui s'allume et qui donne une intensité à ce moment ramassé, ou pas. Car ramasser et condenser ne suffisent pas. On peut toujours réduire une pièce trop longue, trop bavarde, et cependant rester devant une chose ennuyeuse. Il est très étonnant de voir à quel point la forme théâtrale est exigeante parce que cette petite étincelle de vie doit être là, seconde après seconde.

Cela n'existe qu'au théâtre et au cinéma. Un livre peut avoir des creux mais au théâtre, d'une seconde à l'autre, le public peut être perdu si le tempo d'une scène n'est pas juste. Si je m'arrête maintenant de parler... on entend un silence... tout le monde est attentif... Il suffit d'un rien pour que ce moment d'attention soit perdu. Il est presque surhumain de pouvoir renouveler continuellement l'intérêt, trouver cette nouveauté, cette fraîcheur, cette intensité, seconde après seconde. C'est pour cela qu'il n'existe, par rapport à d'autres arts, que très peu de grands chefs-d'œuvre dramatiques dans le monde ; parce que le risque existe toujours, à chaque instant, que l'étincelle de vie disparaisse. Pour qu'elle soit présente, il faut analyser avec précision les raisons de son absence dans les autres moments. Pour cela, il faut observer avec clarté le phénomène.

Il me semblait donc très important dans ce premier chapitre, de passer continuellement du théâtre classique au théâtre de boulevard, du comédien qui répète pendant des mois à celui qui doit faire un travail en quelques jours, de la critique d'une certaine forme de théâtre à la possibilité de critique d'une autre forme, de l'observation des conditions économiques de la production, ce qui est possible avec beaucoup d'argent, ce qui est possible quand il y a très peu d'argent...

Je souhaitais évoquer tous ces domaines, à la fois ce qui ne peut se passer que sur une scène, avec des décors et des lumières et ce qui ne peut se passer que sans lumières, sans décors, en plein air... pour démontrer que le phénomène vivant du théâtre n'est pas lié aux conditions extérieures. On peut aller voir une pièce très banale, sur un sujet très médiocre, qui a un grand succès et qui gagne beaucoup d'argent dans un théâtre tout à fait conventionnel et y trouver parfois une étincelle de vie bien supérieure à ce qui se passe quand des gens, nourris de Brecht et d'Artaud, travaillant avec de bons moyens donnés par de bons établissements, avec une bonne étude scénographique, une bonne analyse du contenu de la pièce... présentent une œuvre soutenue par tout ce qui rend leur acte culturellement respectable.

Face à ce type de spectacle on peut très bien passer une soirée "lugubre" en voyant que tout y est, sauf la vie. Il est très important de constater cela froidement, clairement, impitoyablement, surtout si l'on veut éviter d'être à son tour influencé par le snobisme de ces critères dits "culturels". C'est pour cela que j'insiste, dans ce premier chapitre, sur le danger que représente un très grand auteur comme Shakespeare, ou de très grandes œuvres comme celles de l'opéra. La qualité culturelle de l'œuvre peut nous amener au meilleur comme au pire. Plus le niveau de l'œuvre est grand, plus l'ennui risque d'être fort si le spectacle n'est pas juste.

C'est toujours difficile à admettre pour ceux qui ont lutté, souvent avec difficulté, pour trouver des moyens de production afin de proposer une œuvre de grande valeur culturelle à un public indifférent. On est presque obligé de défendre la tentative et nous sommes souvent très déçus parce que ce public, dans tous les pays, refuse ces œuvres et préfère ce que nous trouvons de moins bonne qualité. Si on y regarde bien, on constate que la grande œuvre, le chef-d'œuvre, est effectivement présentée mais sans que la vie y soit présente. Pourtant, en y regardant de plus près, cette analyse, la seule à faire, nous ramène à l'espace vide.

Si on prend avec un certain automatisme l'idée que pour faire du théâtre il faut commencer par une scène, une pièce, une mise en scène, des décors, la lumière, la musique, des fauteuils... si on prend cela comme une évidence, on s'engage dans une voie erronée. Cela peut être vrai au cinéma, il faut au moins une caméra, de la pellicule et des moyens de faire développer cette pellicule, mais pour faire du théâtre, pour examiner et pour comprendre le théâtre, il n'y a qu'une seule chose dont on ait besoin : la matière humaine. Cela ne signifie pas que le reste n'ait pas beaucoup d'importance, mais ce n'est pas la matière principale.

Peut-être avez-vous assisté l'an dernier, au Théâtre des Bouffes-du-Nord, à la saison sud-africaine que nous avons réalisée avec les spectacles *Sarafina* et *Woza Albert*. Un des auteurs de ces spectacles, avant de travailler dans les théâtres blancs, en Afrique du Sud et dans le reste du monde, travaillait avec une petite troupe qui ne se produit que dans le “town-ship”, à Soweto, depuis vingt-cinq ans. Il collaborait avec Gibson Kente, un metteur en scène étonnant qui a créé le mouvement du théâtre noir, théâtre très populaire avec des chansons, des éléments de la vie quotidienne... Ils jouaient partout où ils pouvaient, puisqu'il n'existe aucun théâtre dans aucun township. Il m'a dit une chose très émouvante, bouleversante : “Nous avons tous lu *L'Espace vide*, cela nous a vraiment beaucoup aidés.”

LA PREMIÈRE PHRASE

Au-delà du plaisir qu'il y a à recevoir un tel compliment, je me suis demandé comment ce livre pouvait toucher des acteurs travaillant dans de telles circonstances. Après tout, la plus grande partie du livre avait été écrite avant nos expériences en Afrique et dans le reste du monde, faisant référence aux théâtres de Londres, de Paris, de New York... Qu'avaient-ils donc pu trouver d'utile dans ce texte ? Comment ont-ils pu considérer que ce livre était aussi pour eux ? J'ai donc posé la question et ils m'ont répondu : “la première phrase” !

(Je peux prendre n'importe quel espace vide et l'appeler une scène. Quelqu'un traverse cet espace vide pendant que quelqu'un d'autre l'observe, et c'est suffisant pour que l'acte théâtral soit amorcé.)

Ils étaient convaincus que vivre et faire du théâtre dans leurs conditions était un malheur inévitable puisqu'il n'existait aucun bâtiment “théâtre” dans les townships d'Afrique du Sud. Ils avaient le sentiment qu'ils ne pouvaient pas aller très loin ni faire de grandes choses s'ils ne possédaient pas, comme les Blancs de Johannesburg, ou de ces grandes villes mythiques internationales, Paris, Londres, New York... ces théâtres de mille places avec rideaux et cintres, lumières et projecteurs colorés. Ils étaient comme ce musicien avec sa flûte qui rêve du grand orchestre symphonique de Berlin ! Quand subitement arrive un livre dont la première phrase affirme : “s'il y a une personne, sans dire où, qui traverse un espace et une autre personne qui la regarde, tout y est. Vous avez tout ce qu'il faut pour faire du théâtre.” C'était un immense soulagement.

Pour moi, c'est plus que cela, c'est la base même. J'ai écrit : "quelqu'un traverse cet espace et quelqu'un d'autre observe, c'est suffisant pour que l'acte théâtral soit amorcé". Je suis soulagé de retrouver le mot "amorcé". J'ajouterais aujourd'hui qu'il faut une troisième personne. S'il y a une personne qui se lève, une autre personne qui regarde, il y a déjà un acte. Tout y est, à condition que cela aille plus loin. Il faut ensuite la rencontre. Il faut trois éléments : une personne qui regarde, une personne qui peut être seule pendant quelques secondes, puis une troisième personne pour entrer en contact. Là, une vie peut commencer à circuler et il est possible d'aller extrêmement loin.

Pour cette raison, je suis rarement convaincu par le "one man show". Dans les variétés, comme chez les conteurs, on trouve des relations directes avec le public. Un individu qui s'adresse directement à d'autres personnes, c'est un échange, une communication où quelque chose se raconte, cela peut être merveilleusement bien fait mais je ne suis personnellement jamais satisfait. C'est une relation que je n'appellerais pas "théâtre" parce que ce n'est pas une évocation de la vie. Il manque toujours quelque chose. Il manque ce qui se passe entre deux personnes face à face, et devant un public.

Prenons un exemple : si deux personnes se rencontrent, sans aucun regard extérieur, comme dans une répétition, il y a la tentation et le danger de croire que cette relation est la seule qui existe. On peut tomber alors dans le piège de la concentration intérieure qui devient totalement narcissique et n'a aucun sens. On voit ainsi des groupes qui passent tant de temps en répétition qu'ils perdent finalement la possibilité de trouver l'énergie qui naît de la présence du troisième élément : le public. Dès l'instant où l'on sent cette troisième personne qui nous regarde, les conditions de la répétition sont toujours meilleures.

Nous utilisons souvent comme espace de répétition un tapis, avec une convention très claire pour les acteurs : hors du tapis on est dans la vie quotidienne, on peut faire ce que l'on veut, gaspiller son énergie, faire des mouvements qui n'expriment rien de particulier, se gratter la tête, s'endormir... Tout cela est sans importance, mais dès que l'on se trouve sur le tapis, il y a l'obligation d'avoir une intention claire, je dirais plus, d'être dans une vie intense. Cela est beaucoup plus facile quand il y a un public.

Faisons l'expérience : deux personnes peuvent-elles traverser l'espace et se dire "bonjour" ?

(Une femme et un homme se lèvent et traversent l'espace.)

FEMME. Bonjour !
HOMME. Bonjour !

(Faites-le encore une fois.)

FEMME. Bonjour !
HOMME. Bonjour !

C'était tout à fait charmant, mais peut-on dire que ces cinq secondes étaient remplies d'une telle pureté, d'une telle qualité, d'une telle finesse, qu'à chaque moment, c'était inoubliable ? Pourrait-on jurer que pour le reste de la vie, vous, public, vous garderez de cette scène un souvenir impérissable ? Si vous pouvez répondre "oui", et si en même temps vous pouvez dire "c'était naturel", alors ce qu'ils viennent de faire était transformé en événement théâtral.

Dans le théâtre nô, un acteur prendra cinq minutes pour faire le même trajet et arriver au centre de la scène, il ne s'agira pas d'un style naturel mais d'une convention. Pourquoi cet acteur, qui fait la même chose que vous, mais deux mille fois plus lentement, sera-t-il irrésistible ? Pourquoi, lorsqu'on le regarde, serons-nous touchés, fascinés ? Pourquoi serons-nous obligés de le suivre ? Mieux encore, pourquoi un grand maître du nô sera-t-il encore plus extraordinaire ? Quelle sera la différence ?

Et là nous ne parlons pas encore du contenu mais du plus simple des mouvements. Il y a une différence fondamentale entre ce qui donne cette incandescence de vie et ce qui est quotidien. Nous pouvons, comme sous une loupe, tout trouver et tout regarder dans cette chose toute simple, où deux acteurs se disent “bonjour”. S’ils le font d’une manière juste, nous serons à chaque instant devant la vie extrêmement visible et claire.

NE PAS ÊTRE N’IMPORTE COMMENT

Cela tient à des choses très précises, notamment au fait d’être sous un regard. Le regard du public est le premier élément qui aide. Si on sent ce regard comme une véritable exigence qui demande à chaque instant que rien ne soit gratuit, que rien ne soit dans la mollesse mais tout dans l’éveil, on comprend alors que le public n’a pas une fonction passive. Il n’a pas besoin d’“intervenir”, de se manifester pour participer. Il est sans cesse participant par sa présence éveillée. Cette présence doit être ressentie comme un défi positif, comme un aimant devant lequel on ne peut se permettre d’être n’importe comment.

La vie quotidienne consiste à être n’importe comment. Si l’on passe un examen ou si l’on parle avec un intellectuel, on ne sera pas n’importe comment dans la pensée ou dans la parole, mais on le sera dans le corps. Avec une personne souffrante, on ne sera pas n’importe comment dans les sentiments, on sera doux, attentif, mais la pensée sera floue ou confuse, le corps aussi. Au contraire, si l’on fait un travail très délicat d’artisan, d’horloger, de couture, le corps entier sera mobilisé jusqu’aux doigts, mais la tête pourra rêver.

Pour être parfaitement clair sur les intentions que l'on échange avec l'autre personne, intellectuellement, sans trahir le vrai sentiment et que le corps soit juste et en équilibre, indiquant cela avec la plus grande sensibilité, on voit qu'aucun des trois éléments qui nous composent – pensée, émotion, corps – ne peut être "n'importe comment".

On comprend donc que dans notre exemple, "une personne traverse un espace et rencontre une autre personne sous le regard d'une troisième", il y a tout à perdre et tout à gagner. Pour que tout soit gagné, pour que l'on puisse parler "d'art" il faudra que l'on soit capable de distinguer très précisément ce qui crée ou bloque le mouvement de la vie à l'intérieur de cette proposition.

J'aimerais maintenant vous écouter, que nous échangions un peu autour de tout ce qui a été dit jusqu'à présent.

> *Ne pensez-vous pas que les comédiens occidentaux ont plus de difficultés que d'autres, je pense par exemple aux comédiens du nô, à obtenir une certaine qualité de présence ?*

L'élément fondamental, c'est le corps. Dans toutes les races de notre planète, exception faite des Martiens, les corps sont plus ou moins les mêmes. On peut observer quelques différences de taille, de couleur, mais pour l'essentiel, la tête est toujours au-dessus des épaules, le nez, les yeux, la bouche, le ventre, les pieds... sont au même endroit. L'instrument corps est le même dans le monde entier, ce qui diffère ce sont les styles, les cultures.

LES JAPONAISES ET LE CHEF D'ORCHESTRE

Lorsque nous sommes allés pour la première fois au Japon, nous avons eu une rencontre avec des artistes japonais autour de *L'Espace vide*. Je n'avais pas imaginé à quel point ce thème faisait partie du zen, de leur culture basée sur l'idée d'un espace, l'idée du vide. Nous pouvons, en Occident, concevoir et apprécier le vide mais très différemment d'un Oriental. Certains spectateurs des Bouffes-du-Nord disent parfois, en voyant notre espace, "Ah, style oriental !". Je me fiche que l'on dise cela, mais ce n'est pas vrai. C'est vide pour des raisons qui rendent nécessaire ce vide, que l'on soit en Orient ou en Occident.

On peut observer qu'au Japon un enfant a un corps infiniment mieux développé que chez nous. Dès l'âge de deux ans, il apprend à s'asseoir d'une manière parfaitement équilibrée ; entre deux et trois ans il commence à s'incliner régulièrement, ce qui est un exercice merveilleux pour le corps. Dans les hôtels à Tokyo, des jeunes filles très jolies restent toute la journée devant les portes des ascenseurs, huit heures par jour, et s'inclinent à chaque fois que la porte de l'ascenseur s'ouvre ou se ferme. C'est ahurissant, mais si l'une de ces filles est choisie un jour par un metteur en scène pour faire du théâtre, soyez certains que son corps sera bien développé.

Chez nous, les seules personnes qui, à l'âge de quatre-vingt-dix ans, ont le corps aussi développé que les Africains, ce sont les chefs d'orchestre. Toute sa vie, un chef d'orchestre fait, sans le prendre pour un exercice, des mouvements qui commencent avec l'inclinaison du buste. Il a besoin d'avoir, comme un Japonais, un ventre solide, pour faire avec le reste du corps des mouvements incroyablement expressifs. Ce ne sont pas des mouvements d'acrobate ou de gymnaste, qui viennent d'une tension mais des mouvements où l'émotion et la précision de la pensée sont liées. Cette précision de la pensée dont il a besoin pour ne pas perdre un seul détail de la musique, ce sentiment qu'il doit suivre dans tous les mouvements de la musique, cet œil attentif à tout l'orchestre et un corps toujours en train de s'incliner, de se lever, des bras qui bougent en permanence comme ceux d'un nageur, tout cela permet au chef d'orchestre de quatre-vingt-dix ans d'avoir un corps parfaitement souple.

Pourtant il ne fait pas les danses d'un jeune guerrier africain, ni les salutations japonaises ! Un grand chef d'orchestre anglais du début du siècle prétendait que "sur le Continent, les chefs d'orchestre sont mieux préparés parce que, lorsqu'ils rencontrent une femme, ils s'inclinent pour leur baiser la main". Il conseillait à tous les jeunes Anglais de s'incliner et de baiser la main de toutes les femmes qu'ils rencontraient...

Vous avez donc raison, il y a une différence entre le développement du corps en Orient et en Occident. J'ai été sidéré, terrorisé, par l'état des corps des enfants dans notre société lorsque j'ai emmené ma fille à l'âge de trois ou quatre ans dans un cours de danse. Je voyais des enfants de son âge déjà bloqués dans leur corps, sans rythme. Le rythme n'est pas un don particulier. A trois ans, on s'y trouve naturellement de la même manière que l'on bouge naturellement, comme dans toutes les sociétés traditionnelles. Or les enfants de la ville, passant leur vie immobiles devant la télévision, vont à l'âge de trois ans à l'école de danse avec des corps complètement bloqués.

UN CORPS SENSIBLE ET TYPÉ

Il faut admettre que l'instrument corps n'est pas aussi développé chez nous, pendant l'enfance et la jeunesse, qu'en Orient ; donc le besoin de s'exercer est évident. Un acteur doit se rendre compte qu'il a besoin de compenser ces difficultés, tout en sachant qu'il n'est pas un danseur.

Pour notre théâtre, si un acteur arrive, par des exercices incroyablement difficiles, à avoir un corps aussi disponible qu'un danseur, il ne sera pas nécessairement meilleur acteur. Un acteur doit avoir un type, un danseur a un côté anonyme. Les danseurs – je parle du ballet, de la danse classique – ont besoin de pouvoir suivre les indications du chorégraphe de façon assez anonyme. Il en va différemment pour l'acteur ; il est très important qu'il y ait des acteurs physiquement marqués, un petit gros, un grand maigre, un qui bouge rapidement, un autre lourdement... Cela est nécessaire, à nouveau parce que c'est la vie que l'on montre, la vie intérieure et extérieure, l'une n'allant pas sans l'autre. Pour avoir une expression de la vie extérieure, il faut avoir des types comme chacun d'entre nous représente un type d'homme ou de femme. Mais il est important, et c'est là où le lien doit se faire avec l'acteur oriental, que le corps gros, maladroit, ou l'autre vif, jeune, rapide... soit parfaitement sensible.

Lorsque nous faisons des exercices d'acrobatie, ce n'est pas pour la virtuosité, ni pour devenir des acrobates géniaux (encore que cela puisse être parfois utile et merveilleux), mais pour la sensibilité. Un très grand acteur qui ne fait jamais d'exercice est appelé, en Angleterre, un acteur "au-dessus des épaules". Il est très facile en effet d'être sensible dans la langue, dans le visage, dans les doigts ; mais ce qui n'est pas donné et doit être acquis par des exercices, c'est la même sensibilité dans le reste du corps : les jambes, le dos, le cul... Sensible veut dire que l'acteur est à chaque instant en contact avec tout le corps. Quand il se lance, il sait où se trouve son corps.

Dans le *Mahabharata* nous faisions une scène extrêmement dangereuse, dans le noir, où tout le monde portait des flambeaux. Il y avait de vraies flammes, l'huile coulait, les costumes étaient en soie légère. Nous étions à chaque fois terrorisés par les risques d'accident. Nous faisions donc très souvent des exercices avec les flambeaux, pour que chacun sache à chaque instant où se trouvait la flamme. Bien entendu, l'acteur japonais Yoshi était, dès le début, le plus qualifié parce que, quel que soit le mouvement qu'il effectue, il sait exactement où se trouvent son pied, sa main, ses yeux. Il ne fait rien au hasard. Or, si l'on demande à un acteur occidental de s'arrêter brusquement, au milieu d'un mouvement, et de dire où se trouvent son pied ou sa main, il aura les plus grandes difficultés. Ce qui fait partie de l'éducation naturelle en Orient ou en Afrique doit donc être acquis, chez nous, par des exercices. Cela est possible puisque les corps sont les mêmes.

Pouvez-vous nous parler de la peur du vide ? Même lorsqu'on a l'expérience du jeu, chaque fois que l'on recommence, que l'on se trouve sur le bord du tapis, à nouveau cette peur du vide en soi et du vide de l'espace se présente. N'est-on pas amené à le remplir pour ne plus avoir peur, pour avoir quelque chose à dire ou à faire ?

Votre réflexion est intéressante car il est important pour tout acteur de reconnaître et d'identifier les obstacles. Or, il s'agit là d'un obstacle naturel et légitime. Lorsqu'on interroge un acteur japonais sur son jeu, il insiste sur le fait qu'il joue à partir du vide. Quand il joue bien, ce n'est pas le fait d'avoir réalisé une construction mentale préalable mais d'avoir fait le vide.

LA CÉRÉMONIE DU CHAUU

J'ai assisté dans un village du Bengale à une cérémonie très forte qui s'appelle le Chauu. Les acteurs, des gens du village, y jouent des scènes de guerre en avançant, jambes légèrement pliées et écartées, en faisant de petits sauts. Ils regardent devant eux, avancent en sautant, et il y a dans leurs regards une force absolument extraordinaire, une intensité inouïe. J'ai demandé au maître quel était son "truc", pour le lui voler. "Comment faites-vous ? Sur quoi portent-ils leur concentration pour avoir un tel regard ?" ai-je demandé. Il m'a répondu : "C'est très simple, je leur demande de ne penser à rien. Tout simplement de regarder devant eux et de garder les yeux grands ouverts." C'était très fort et je vous assure qu'il n'y avait pas d'autre "truc". Cette intensité ne leur serait jamais venue si la concentration était : "Qu'est-ce que je vais faire ?", s'ils avaient comblé le vide avec des idées.

Quels sont les éléments qui troublent le vide ? D'un côté, l'excès de réflexion, de préparation. Pourquoi prépare-t-on des choses ? Presque toujours pour lutter contre la peur du vide. Certains acteurs conventionnels aiment qu'on leur donne tous les détails de la mise en scène dès le premier jour des répétitions et qu'on ne les ennuie plus. C'est pour eux le bonheur absolu et si l'on modifie un détail quinze jours avant la première ils sont dans tous leurs états ! J'ai connu, malheureusement, des acteurs de ce type. Moi qui aime changer tout, parfois le jour même de la représentation, je ne peux absolument plus travailler avec ce genre d'acteurs. Je travaille avec des acteurs qui aiment la souplesse. Mais même chez ceux-là, certains disent parfois : "Non, c'est trop tard, je ne peux plus rien changer", uniquement parce qu'ils ont peur. Ils sont convaincus qu'ayant mis en place une certaine structure, si on la leur enlève il n'y aura rien, et ils seront perdus. Dans ce cas, il ne sert à rien de leur dire "n'ayez pas peur", c'est la meilleure façon de les effrayer. Il faut leur apprendre que ce n'est pas vrai, tout simplement. Seules des expériences précises et répetées permettent de leur démontrer que si on ne cherche pas la sécurité, mais la créativité, la sincérité réelle peut apparaître.

Se pose ici la question de l'artiste. La personne est-elle véritablement artiste ? On peut dire qu'un artiste véritable est prêt à de nombreux sacrifices pour arriver à un moment de créativité. L'artiste médiocre préférera ne pas prendre de risques, c'est pourquoi il sera conventionnel. Tout ce qui est conventionnel, tout ce qui est médiocre est lié à cette peur. L'acteur conventionnel "boucle", et "boucler" est un acte de défense. Pour me défendre, "je construis".

La question va très loin. Ce que l'on appelle la composition, construire un personnage, est un acte de construction progressive. A mon avis, cette méthode-là n'est pas le chemin créatif. Le chemin créatif est de faire une multitude de constructions provisoires en sachant que même si on a l'impression d'avoir trouvé le personnage un jour, cela n'est que temporaire. C'est seulement ce que l'on peut faire de mieux ce jour-là, mais il faut se dire que la vraie forme n'est pas encore là. La vraie forme n'arrive qu'au dernier moment, parfois même au-delà du dernier moment. C'est une naissance. La vraie forme n'est pas comme la construction d'un bâtiment, la suite d'une série d'actions constructives et logiques. Au contraire, le vrai processus de construction est en même temps une sorte de démolition. Cela veut dire que l'on s'achemine de plus en plus vers la peur, comme toute démolition. On crée un vide, on a moins de béquilles, moins de supports, on est de plus en plus en danger.

Notons que même lorsqu'on arrive à des moments de créativité véritable, dans une improvisation, dans une répétition ou dans une représentation, il existe toujours des risques de détruire cette forme, de la brouiller.

Prenons l'exemple des réactions du public. Si vous faites une improvisation, en sentant la présence de ceux qui regardent (sinon cela n'a pas de sens) et que les gens rient, vous risquez d'être entraîné par ces rires dans une direction qui ne sera pas forcément celle que vous auriez prise sans eux. Toutes sortes d'éléments subjectifs peuvent être excités, tel le désir de plaire ou la peur, qui peuvent briser la créativité.

L'essentiel est de prendre conscience de ces phénomènes. Dès lors que vous avez conscience de ce qui provoque la peur, vous pouvez soit l'accepter, l'accueillir même, soit vous protéger contre elle. Mais tous les éléments qui sécurisent sont à observer et à mettre en question. C'est le cas par exemple de l'acteur qui devient "mécanique". A un certain moment, par paresse ou par peur, il commence à faire toujours la même chose sans avoir cette relation subtile et sensible avec l'autre. Lorsqu'il regarde, il fait semblant de regarder. On devient mécanique parce que c'est une sécurité.

Il en va de même pour le metteur en scène. Il existe une très grande tentation pour le metteur en scène de préparer sa mise en scène avant la première répétition. C'est naturel et je le fais toujours : je fais des centaines de croquis des décors, des actions. La seule chose qui m'aide est de savoir, tout en le faisant comme un exercice, que rien de tout cela ne sera pris au sérieux le lendemain. Cela ne m'empêche pas de le faire car c'est une bonne préparation, mais si je demande à des acteurs d'appliquer le croquis que j'ai réalisé trois mois ou trois jours avant la répétition, je me coupe de tout ce qui peut être vivant et apparaître au moment même de la répétition. Il faut à la fois faire cette préparation et l'abandonner.

Pourquoi ne l'abandonne-t-on pas ? Par peur ! Pour accepter de prendre comme règle fondamentale que rien n'est acquis, jusqu'au dernier moment, il faut faire face à la peur. Il faut avoir conscience du choix qui se présente à nous : face à cette peur inévitable, choisir la sécurité ou la refuser. Savoir aussi que la décision prise n'est jamais définitive.

Nous arrivons peut-être au moment où une pause serait nécessaire ?

> *Peut-on revenir à la notion d'espace vide, que l'on pourrait appeler espace potentiel ? Ne faut-il pas l'assortir de la notion de tension, de la notion de trace ? Le maître japonais ne demande-t-il pas simplement que l'on s'identifie à l'espace en créant ce vide intérieur, pour que naisse une tension qui va devenir trace ?*

Devant une telle question, il se confirme que nous avons besoin de quelques minutes de réflexion...

(Rires...)

Pause

1

"BONJOUR, MONSIEUR LIVINGSTONE..."

Un des aspects inhérent et inévitable d'un espace vide, c'est l'absence de décors. Ce n'est pas pour dire que c'est mieux ou moins bien, je ne porte pas ici de jugement mais, pour couper encore un peu les cheveux en quatre, j'affirme que si cet espace est vide, il n'y a pas de décors. S'il y a un décor, l'espace n'est pas vide, il est encombré, même s'il s'agit d'éléments de grande beauté. Dans ce cas, l'esprit du spectateur est lui aussi déjà meublé. Le lieu dans lequel nous nous trouvons aujourd'hui ne raconte aucune histoire. On peut appeler cela un espace vide, même si nous avons mis deux tapis, l'un au sol l'autre au fond, pour rendre le lieu plus sympathique et plus chaleureux qu'avec les seuls murs noirs de la salle. L'imagination, l'écoute, la réflexion personnelle de chacun n'est pas encombrée.

Lorsque nous avons proposé tout à l'heure que deux personnes se rencontrent et se disent : "Bonjour", votre imagination était complètement libre. Si l'une d'entre elles avait dit "Bonjour... monsieur Livingstone", vous auriez immédiatement imaginé l'Afrique, les palmiers... Si au contraire, elle avait dit : "Bonjour... où est le métro ?", cela aurait amené d'autres images. A moins que la première ne réponde, bien sûr : "Le métro ? Ici ? Au milieu de l'Afrique... ?" Tout peut alors arriver. L'imagination permet de penser que l'un des deux est fou, selon qu'il se croit en Afrique ou à Paris, ou de poursuivre le dialogue : "Excusez-moi, je pensais à autre chose, je suis en train d'écrire une pièce..." ou "Y a-t-il un médecin dans la salle ?" etc. L'absence de décors est une condition pour permettre l'imagination. Placer des acteurs dans un espace vide, c'est les mettre dans une situation semblable à celle d'une expérience en laboratoire : on cherche quelque chose dans la vie et on les place dans une lumière très forte, pour mieux les voir.

L'IMAGINATION EST UN MUSCLE

Si vous placez deux personnes dans cet espace, simplement l'une à côté de l'autre, vous constaterez à quel point le moindre détail devient vivant. Nous avons déjà tout un spectacle. Cela ne peut durer indéfiniment, mais dès le départ cela fonctionne. Pour moi, c'est la grande différence entre le théâtre, dans sa forme essentielle, et le cinéma. Le cinéma, c'est toujours, à cause de la photo, une personne dans un contexte et jamais une personne sortie de son contexte. Il y a bien eu des tentatives pour réaliser des films dans des décors abstraits, sans décors, sur fond blanc mais à part la *Jeanne d'Arc* réalisée par Dreyer, ce ne fut jamais réussi. Si l'on observe les milliers de grands films qui ont été tournés, on constate que la force du cinéma c'est la photo, et la photo, c'est "une personne quelque part". En ce sens le cinéma ne peut être que social, il ne peut ignorer une seconde le contexte social dans lequel il se trouve. Il impose un certain réalisme quotidien, l'acteur faisant partie du même monde que celui où la caméra le trouve. On peut imaginer, au théâtre, un pape joué par un acteur avec un pull-over blanc et rouge, comme l'un d'entre vous en porte en ce moment. Cela serait un symbole suffisant. Au cinéma, ce serait impossible. Il faudrait une explication particulière sans laquelle cette convention ne pourrait être acceptée. Au théâtre, l'imagination remplit le vide alors que l'écran de cinéma représente un tout, lié de manière organique et cohérente.

Le vide au théâtre permet à l'imagination de remplir les trous. D'une manière paradoxale en apparence, moins on lui en donne, plus elle est contente. L'imagination est un muscle, elle est très contente de jouer le jeu. Je peux prendre par exemple cette bouteille en plastique et décider qu'il s'agit de la tour de Pise. Je peux jouer avec, la faire pencher, essayer de la faire tomber, peut-être même la faire s'écrouler, éclater au sol... On pourrait imaginer cela au théâtre ou à l'opéra, et la bouteille pourrait créer une image plus forte que l'image banale des effets spéciaux au cinéma qui reconstitueraient, pour des milliards, une vraie tour, un vrai tremblement de terre, etc. L'imagination, ce muscle, serait moins satisfaite.

Nous voyons là ce qu'est la participation du public. Dans les années soixante, on rêvait à une "participation" du public. Naïvement, on pensait que "participer" signifiait manifester avec son corps, sauter sur scène, s'agiter et faire partie du groupe des acteurs. Tout est possible et ce type de manifestation est parfois très intéressant, mais la "participation" est autre chose. Elle consiste à entrer en complicité avec la scène et à accepter que la bouteille en plastique devienne la tour de Pise ou une fusée qui part pour la Lune... L'imagination joue ce genre de jeu avec plaisir à condition que l'être humain ne soit "nulle part". S'il y avait derrière moi un décor de bureau ou de vaisseau spatial, la logique cinématographique interviendrait aussitôt. Il faudrait alors toute une machinerie pour représenter la fusée, l'espace, la Lune.

Au théâtre on peut accepter à la fois que la bouteille soit une fusée et qu'elle rencontre soudain, sur Vénus, un vrai personnage. La même histoire peut continuer en changeant, en un clin d'œil, d'espace et de temps. Il suffit que je dise "Depuis combien de siècles suis-je arrivé ici ?" pour faire un saut gigantesque dans le temps. De même je peux passer sans difficulté de Vénus au supermarché, redevenir le narrateur, repartir en fusée, etc. Tout cela est possible si nous sommes dans l'espace libre. Toutes les conventions sont possibles et imaginables, elles dépendent de l'absence de formes.

CARPET SHOW

Les expériences que nous avons menées dans ce domaine commencent dans les années soixante-dix avec ce que nous appelions le *Carpet Show*. Lors de nos nombreux voyages, en Afrique et ailleurs, nous n'emmenions avec nous qu'un petit tapis pour marquer la surface sur laquelle nous allions travailler. C'est en faisant cela que nous avons découvert la vraie base technique du théâtre shakespearien. Nous avons constaté que la meilleure manière d'étudier Shakespeare, ce n'était pas de regarder les reconstructions des théâtres élisabéthains, d'imaginer comment était le "Globe", mais simplement de faire des improvisations autour d'un tapis. Nous avons découvert comment il était possible de commencer une scène assis, de la finir debout, de se rasseoir et d'être dans un autre pays, dix ans plus tard... On trouve facilement dans une scène de Shakespeare deux personnes qui marchent à l'évidence dans un endroit fermé, à l'intérieur, et qui soudain se trouvent à l'extérieur sans qu'aucune rupture n'ait été constatée. Une partie de la scène est à l'intérieur, une autre à l'extérieur, sans savoir à quel moment s'effectue le passage.

Bien des spécialistes de Shakespare ont écrit des tomes sur ce sujet, évoquant souvent la question du double temps chez Shakespeare. "Comment se fait-il que dans telle pièce, ce grand auteur n'ait pas compris l'erreur commise lorsqu'il prétend que cela dure trois ans, alors qu'une référence donne l'impression que cela dure un an et demi, et qu'en réalité cela ne dure que trois minutes ?" écrivent-ils. "Comment cet auteur maladroit peut-il écrire à la première phrase : «Donne-moi du thé», ce qui indique que nous sommes à l'intérieur, et à la phrase suivante : «Regarde cette feuille» qui signifie que nous sommes dans la forêt ?"

Jusqu'à ce que l'on découvre que Shakespeare faisait du théâtre pour un espace indéfini...

Lorsqu'on n'est pas tenu par l'unité de lieu, l'unité de temps, lorsque l'espace est totalement sans définition, l'accent est mis obligatoirement sur les relations humaines. Ce qui retient l'intérêt, c'est ce qui se passe entre une personne et une autre ; le contexte social, toujours présent, étant amené par les autres personnages. Si la relation entre une femme riche et un voleur est le sujet de l'action, ce ne sera ni le décor ni les accessoires qui créeront cette relation mais l'histoire, l'action elle-même. Lui est voleur, elle est riche, arrive un juge : les relations humaines entre la femme, le voleur et le juge créent le contexte. Le décor, au sens vivant du terme, est créé de façon dynamique et totalement libre par le jeu entre les personnages. Tout le jeu, y compris le texte, devra être directement l'expression de la plus grande tension possible, la plus intense.

Si on se trouve dans une situation de décor véritable, avec fenêtre, coffre-fort, porte... on sera alors au cinéma. Le rythme et la tension du jeu seront plus mous. Il faudra l'intervention du montage pour retrouver la dimension de la vie.

LA TENSION ET L'ÉNERGIE

Au théâtre, la relation entre une phrase et une autre n'est pas une relation normale, comme dans la vie ; il s'agit d'une relation presque architecturale entre une tension et une autre. Nous revenons ici au point de départ. Pour qu'il y ait cette différence entre le théâtre et le non-théâtre, la vie de tous les jours et la vie dans un espace théâtral, cette compression dans l'espace et dans le temps est inséparable d'une intensification de l'énergie. C'est elle qui crée un lien très fort avec le spectateur. C'est pour cela qu'intuitivement il y a toujours, dans toutes les formes de théâtre populaire, dans les villages, de la musique.

J'ai vu récemment un spectacle formidable en Ouzbékistan, joué avec un joueur de batterie. C'était une comédie avec un homme et sa maîtresse, sa femme, la servante et toute une série de scènes de jalousie, de malentendus... Continuellement, la scène était nourrie par la relation de tous les personnages avec le musicien. Non seulement le musicien suivait et accompagnait les personnages, mais il intervenait en permanence dans le spectacle, faisait des commentaires, répondait au milieu de l'action, etc. Pourquoi était-ce bien ? Parce que cela donnait de l'énergie au spectacle, ça le rendait plus vivant, plus joyeux.

Ce que l'on appelle le style, la convention de ce spectacle, était libre. Donc tout était possible. Ce qui pose le problème énorme de la responsabilité : si tout est possible, il y a cependant toujours quelque chose qui est juste et quelque chose qui est "n'importe quoi". On en revient toujours à cette question !

Vous évoquiez tout à l'heure le one man show en disant que ce n'était plus du théâtre. Vous avez évoqué le conteur... Quelqu'un comme Dario Fo ne fait-il pas du théâtre ?

Je serais contre tous les principes que j'essaie d'exprimer si je devenais dogmatique là-dessus. Il y a bien entendu des milliers d'exceptions. Il s'agit d'un sentiment très personnel, une préférence subjective. Je trouve que dans le one man show, très souvent, il manque quelque chose. La relation directe avec le public peut être très forte, comme dans le cas du conteur ou de la chanteuse, et la seule chose qui compte c'est de maintenir cette relation. Mais en général, et c'est pour cela que le théâtre est peut-être l'un des arts les plus difficiles, trois choses doivent se passer en même temps et dans une harmonie parfaite.

LA TRIPLE RELATION

D'une part la personne doit être en relation profonde, secrète et intime avec son contenu, avec sa sensibilité intérieure. Cette première relation se trouve aussi chez le conteur et le chanteur. Les grands conteurs que j'ai vus, par exemple dans les maisons de thé en Iran, en Afghanistan, racontent de grands mythes avec beaucoup de joie mais aussi avec une grande gravité intérieure. A chaque moment ils s'ouvrent au public, non pour plaire mais pour faire partager la joie de quelque chose qui reste un texte sacré. En Inde, les grands conteurs qui racontent le *Mahabharata* dans les temples ne perdent jamais contact avec la grandeur d'un mythe qu'ils sont en train de revivre. Ils ont une écoute tournée à la fois vers l'intérieur et vers l'extérieur, comme cela devrait être chez chaque véritable acteur. Ils sont dans les deux mondes en même temps.

Cela est très difficile et complexe. Quand un acteur joue, dans une relation que j'appellerai "théâtrale" il doit être dans cette relation de gravité intérieure. Quelle que soit la pièce, il doit être fidèle à quelque chose, faire de son mieux avec la sensibilité la plus fine. S'il joue Shakespeare, *Hamlet* ou *Le Roi Lear*, il ne doit pas penser uniquement à l'effet, à l'extérieur, mais être continuellement à l'écoute de tout ce qui bouge intérieurement, à l'écoute de tout ce qui est mythique dans les zones les plus cachées, les plus inaccessibles de sa propre psyché. Une partie de sa vie créatrice, au moment où il joue, doit être tournée vers l'intérieur sans pour autant que cela ne le coupe, ne serait-ce qu'un instant, de la personne qui est devant lui. On voit souvent des acteurs – parfois même de grands acteurs très conscients de leur réputation – totalement tournés vers eux-mêmes. Ils font alors semblant de jouer avec leur partenaire. Celui qui jouera Lear fera semblant de jouer avec Cordélia, et il pourra lui tourner le dos tout en continuant de jouer. Dans ce cas, il ne sera pas fidèle à l'une de ses obligations majeures qui est de jouer véritablement la relation père / fille.

Pour que cela soit vraiment juste, il ne faut pas se lancer trop tôt lors des répétitions. On voit des acteurs qui se manifestent émotionnellement beaucoup trop tôt et ne peuvent pas trouver la vraie relation avec l'autre. Même si le texte est écrit pour être prononcé avec force, nous devons commencer à répéter dans la plus grande intimité afin de ne pas gaspiller l'énergie. Il faut être suffisamment libre pour sentir la relation, improviser avec d'autres mots, d'autres mouvements. Tout cela est une étape provisoire bien entendu, pour arriver à cette chose très difficile qui consiste à garder une relation très vive avec le contenu intime en parlant cependant très fort. Comment permettre que cette expression intime se transforme en expression pleine d'énergie pour remplir un grand espace, sans trahison ? Comment monter de plus en plus fort sans que cela ne dénature la relation avec l'autre ? C'est incroyablement difficile pour un acteur.

Enfin, troisième élément, les deux personnes qui jouent doivent être à la fois personnages et conteurs. Doubles conteurs, conteurs à deux têtes, en même temps qu'ils jouent et qu'ils maintiennent une relation intime et juste entre eux, ils parlent directement aux spectateurs qui sont leurs clients. Lear et Cordélia racontent aux clients : "Il était une fois un homme, et sa fille"...

Il faut donc avoir en permanence et obligatoirement cette triple relation, à soi-même, à l'autre, au public.

Dans le one man show, on peut se permettre toutes sortes de choses : parler avec des personnages imaginaires... mais il me semble que ce genre provient en réalité d'une racine sociale tragique, à savoir que des acteurs qui ne trouvent pas de travail souhaitent travailler malgré tout, ce qui est naturel, et construisent un spectacle seul. Or, ce serait plus vivant et plus riche s'ils faisaient exactement la même démarche avec un partenaire. Très souvent, il manque ce défi qu'impose l'autre personne, cette générosité nécessaire vis-à-vis de l'autre. Mais bien entendu, toutes les exceptions sont possibles, et parfois glorieuses.

LE CLIGNOTANT DE L'ENNUI

Le plus grand guide que je connaisse dans le travail, celui que j'écoute tout le temps, c'est l'ennui. Au théâtre, l'ennui, tel le diable, peut surgir à chaque moment. Il suffit d'un rien et il vous saute dessus, il guette, il est vorace ! Il cherche le moment pour se glisser de manière invisible à l'intérieur d'une action, d'un geste, d'une phrase. Lorsqu'on sait cela, il suffit d'avoir confiance en soi-même pour travailler. Il suffit de se donner comme critère principal de jugement cette faculté que l'on partage avec tous les êtres de la terre : l'ennui ! Quelle merveille ! Je peux regarder une répétition, un exercice et me dire : "Si je m'ennuie, c'est qu'il y a une raison." Alors, par désespoir, je cherche cette raison. Je donne une idée à l'autre personne, ou au contraire je la secoue, je me secoue moi-même... Dès qu'apparaît en moi l'ennui, c'est un clignotant rouge.

Depuis des années, nous faisons une chose extrêmement importante durant nos répétitions, nous allons jouer un travail en cours, non terminé, devant des publics. La plupart du temps nous allons dans une école jouer devant des élèves, sans qu'ils soient prévenus, sans qu'ils sachent de quoi il s'agit. Nous y allons sans accessoires, sans costumes, sans mise en scène, uniquement dans l'"espace vide" créé par la petite salle où nous nous trouvons. On ne peut pas faire cela au début, il faut avoir travaillé, mais dès que la moitié ou les deux tiers des répétitions sont faites, on met à l'épreuve ce que l'on a découvert pour voir ce qui touche l'intérêt des gens et ce qui provoque l'ennui. Le public en général, mais surtout le public d'enfants est le meilleur critique. Les enfants n'ont pas d'idées préalables, ils s'intéressent ou ils s'ennuient, ils sont avec les acteurs ou ils sont impatients.

Lorsqu'on arrive au véritable public, le grand baromètre, ce sont les niveaux de silence. Si l'on écoute bien, on peut tout apprendre sur une représentation à partir du niveau de silence créé par un groupe de personnes attentives. On sent parfois une certaine émotion qui traverse le public, la qualité du silence se transforme. Quelques instants plus tard, on peut être dans un silence complètement différent. Et ainsi de suite... On passera d'un moment de grande intensité à un moment moins intense et le silence s'affaiblira, quelqu'un va tousser, se gratter, bouger. Si l'ennui apparaît, ce sera la toux, les petits bruits, une personne qui se lève, une autre qui chuchote et finalement, le pire, quelqu'un qui ouvre son programme !

Il ne faut donc jamais prétendre que ce que l'on fait soit inévitablement intéressant, ne jamais dire que le public est mauvais. C'est vrai qu'il y a parfois de très mauvais publics, mais on n'a pas le droit de le dire pour la simple raison qu'il ne faut pas attendre que le public soit bon. Il faut simplement reconnaître qu'il existe des publics faciles et d'autres qui le sont moins. Lorsque le public est facile, c'est la grâce qui tombe, un don du ciel, mais un public difficile n'est pas un ennemi. Ce n'est pas anormal. Au contraire, le public dans son état naturel est résistant, il faut donc chercher continuellement ce qui l'anime, sans jamais perdre, rappelons-le, la relation intime au contenu et la relation à l'autre. Tout cela sans complaisance aucune, sans chercher à plaire à tout prix.

Au moment où cela se produit, on observe un élément fascinant qui touche au tempo du spectacle. Dans le théâtre à l'italienne, lorsque les répétitions se sont faites sans aucun contact avec un public, lorsque le rideau se lève pour la première fois, le contact se crée rarement entre la salle et ceux qui commencent à raconter l'histoire sur scène. Le spectacle commence souvent dans un certain rythme alors que le public n'est pas dans le même tempo. Quand on assiste à une première ratée, on voit que les acteurs sont dans leur rythme, le public est dans son rythme et les deux mouvements n'arrivent pas à s'accorder ensemble.

Par contre, dans le théâtre de village, dès le premier coup de tambour, musiciens, acteurs et public partagent le même monde, le même espace. Ils sont ensemble. Le premier mouvement, le premier geste crée le lien et à partir de là tout le développement du récit se fait à partir d'un rythme partagé. Nous avons vécu cela souvent dans nos expériences en Afrique mais aussi ici, en jouant dans les foyers ou des endroits du même type. Cela donne clairement l'impression de la relation qui doit naître et de la structure rythmée d'un spectacle.

> *Vous faites, me semble-t-il, une distinction entre la notion de "peuple", notion sacrée telle qu'on la connaissait autrefois et qui implique l'échange, le partage collectif, et celle de "public" qui est plus moderne. Aujourd'hui, le public ne partage plus rien. N'est-ce pas toute la difficulté du théâtre moderne ? Et la notion de culture n'est-elle pas un aménagement, très artificiel chez nous, pour essayer de se trouver ensemble ?*

Je suis complètement de votre avis. Les raisons pour lesquelles une pièce est donnée sont très souvent peu claires. On se justifie en disant simplement : "Telle pièce est montée parce que la culture exige que l'on monte des pièces de ce genre." Mais pour quelles raisons ? Dès que l'on se pose cette question fondamentale, on est amené irrésistiblement à la réponse suivante : "La seule raison valable ne peut être que la relation avec le public." Si on ne se pose pas la question, alors mille raisons apparaissent : le metteur en scène a une conception de la pièce qu'il veut montrer, il y a une expérience de style à faire, une théorie politique à illustrer...

mille choses explicables mais secondaires par rapport à l'essentiel.

LE TAZIEH ET LA RE-PRÉSENTATION

Ce que vous dites amène à réfléchir sur ce qui se passe lorsque l'on prend un spectacle traditionnel et qu'on le sort de son contexte.

Il existe en Iran un théâtre extraordinairement fort, le seul théâtre de l'Islam, nommé "tazieh". Ce théâtre est basé sur la mort des premiers martyrs de l'Islam et il est joué par des gens du village, pour le village, à un certain moment de l'année. Interdit par le shah pendant de nombreuses années, cela a continué clandestinement à être joué dans trois cents ou quatre cents villages simultanément, comme une célébration. L'un des spectacles les plus émouvants que j'ai vu dans ma vie, c'était dans un petit village en Iran, une pièce sur le martyre du douzième imam. Nous étions trois étrangers qui avions le privilège et la joie d'être incorporés dans le cercle des villageois assistant au spectacle. La pièce, jouée de manière très simple et populaire, était très émouvante car le public vivait une véritable "re-présentation", à savoir quelque chose qui s'était passé il y a des siècles et qui redevenait présent. Le martyre se passait à nouveau devant leurs yeux et ils pleuraient comme nous avons vu pleurer récemment la population de Bagdad, après les bombardements.

Le théâtre était là dans une forme très stylisée mais dans un contenu totalement réel. C'était une réalité, une vie parallèle. La vie du passé était là, présente, partagée à nouveau par tout le village. Les gens étaient profondément émus, ils savaient le sens que cela avait de revivre quelque chose qui serait, sans cette représentation, devenu le dogme, la foi, l'abstraction. Or, il s'agissait là de la réalité de leur foi.

Il a été fait beaucoup de bruit autour du tazieh, à cause notamment de l'interdiction faite pendant des années.

Finalement, au moment où le pays et le shah essayaient de donner une bonne image libérale au monde, le Festival international de Chiraz a programmé "le grand trésor national iranien", le tazieh. J'ai vu là comment il était possible en une nuit, en déplaçant des gens de quelques centaines de kilomètres, de détruire complètement une forme. Comme il s'agissait d'un Festival international, en présence de la reine, on avait fait appel à un metteur en scène. Celui-ci avait transformé les costumes, par exemple les bottes en caoutchouc portées par le marchand du village, qui lui donnaient fière allure, en bottes de cuir. Un éclairagiste avait préparé des effets de lumière alors que le spectacle se joue habituellement en plein soleil. Les accessoires provisoires étaient remplacés par des accessoires bien faits, etc.

L'"embourgeoisement" du spectacle était total, mais surtout ce qu'il y avait de plus lugubre et insupportable, de plus *deadly*, ce fut le public. A la place d'un public croyant, avec la foi simple du bûcheron pour qui tout cela a un sens, il y avait un public "jet-set" international qui se moquait complètement du contenu sacré. Il était là pour voir comment tout cela était joli et folklorique, et ces gens sont sortis très contents, ravis d'avoir assisté à ce spectacle merveilleux et singulier. Ils ne se rendaient pas compte qu'ils avaient été escroqués et qu'ils n'avaient pas vu un tazieh. Ils avaient vu une chose ordinaire, ennuyeuse, sans aucun intérêt réel, qui ne donnait aucune expérience. Ils ne se rendaient pas compte parce que c'était "la culture", le folklore officiel. Et tout le monde est parti ravi, vers le coktail !

Le même phénomène s'est produit à Londres, à l'occasion du Festival de l'Inde, avec le Chauu du Bengale dont je vous parlais plus haut. Là-bas, cela se joue la nuit, avec une musique, des bruits, des sifflets extraordinaires, tous les gosses tiennent des flambeaux pour éclairer. Toute la nuit, le village est dans un état d'excitation incroyable, les gens se lèvent, il y a une grande partie acrobatique, on saute par-dessus les gosses qui poussent des cris par terre... Cette fois-là, le Chauu était donné au Riverside Theatre, un joli espace, à quatre heures de l'après-midi devant une cinquantaine de dames âgées, abonnées aux revues anglo-indiennes, qui s'intéressent à l'Orient. Elles regardaient poliment ce spectacle arrivé à Londres via Calcutta. Il n'y avait pas eu de metteur en scène et les acteurs faisaient exactement la même chose que dans leur village, mais l'esprit n'était plus là. L'âme n'y était plus, il n'y avait plus rien. Il n'y avait plus que le spectacle, au sens négatif du mot.

Est-ce pour cette raison que vous quittez rarement les Bouffes-du-Nord à Paris ?

En réalité nous voyageons beaucoup. Il est vrai qu'après les trois années d'expériences dont je parlais, nous avons été très heureux de trouver, grâce à Micheline Rozan, le Théâtre des Bouffes-du-Nord qui correspond parfaitement à nos besoins. Mais nous tournons beaucoup, en France et dans le monde. Je peux vous faire part ici – cela rejoindra les préoccupations que nous abordons aujourd'hui – de ce que fut notamment notre tournée en France du spectacle *Ubu roi*.

DEUX MÉTHODES POUR TOUCHER LE SPECTATEUR

La question que je vais évoquer maintenant reste pour moi très ouverte. Si on veut toucher fortement le spectateur, l'aider à s'ouvrir à un monde qui est lié à notre monde et est en même temps plus riche, plus large, plus mystérieux que celui que nous connaissons tous les jours, il y a deux méthodes.

La première consiste à rechercher la beauté. Une grande part du théâtre oriental est basée sur ce principe : pour que l'imagination soit émerveillée, on cherche dans tous les éléments la plus grande beauté. Prenez par exemple le kabuki ou le kathakali, voyez cette recherche dans le maquillage, de la perfection dans les moindres accessoires, tout cela pour des raisons qui dépassent l'esthétique. C'est comme si par cette recherche, extrêmement pure, on voulait aller plus loin, vers le sacré. Tout dans le décor, la musique, les costumes... tout est fait pour être encadré dans la beauté. Le moindre geste est étudié pour éviter la banalité et la vulgarité.

La seconde méthode, exactement opposée, considère que l'acteur possède une possibilité extraordinaire, quand il y arrive, de créer un lien entre sa propre imagination et l'imagination virtuelle du spectateur en transformant l'objet banal en objet magique. Un grand acteur peut transformer cette bouteille d'eau en plastique, objet hideux, en un enfant merveilleux. J'ai vu en Inde une danseuse de génie, Bala, suggérer par un seul geste la présence d'un Krisna bébé. Il faut un acteur de cette qualité-là pour arriver à une forme théâtrale aussi pure, cette alchimie où l'on conserve la double vision : une partie du cerveau voit qu'il s'agit d'une bouteille d'eau minérale et l'autre partie du cerveau, sans contradiction, sans tension mais avec joie, voit en même temps un bébé et l'attitude de la mère face à l'enfant. Cette alchimie dépend de la nature de l'objet, qui doit être sans qualité particulière *a priori*.

Je laisse cette question ouverte parce qu'on ne peut pas dire laquelle de ces deux méthodes est juste, laquelle est la meilleure.

Pour notre part, nous avons cherché aux Bouffes-du-Nord et nous cherchons ailleurs les conditions qui correspondent à ce que nous souhaitons. Avec *Ubu roi*, nous avons décidé de tourner en France dans les endroits les moins "magiques", dans les gymnases, les salles de sport, des endroits horriblement ingrats et laids. C'était pour les acteurs une vraie recherche et un vrai plaisir d'arriver à transformer le lieu et à le faire vivre. Mais ce n'est pas une chose possible avec toutes les pièces, ni dans toutes les conditions.

J'ai vu Ubu *dans ces conditions, dans le sud-ouest de la France. Est-ce ce que vous appelez l'"impureté" du théâtre ?*

LE PUR ET L'IMPUR

Absolument. Les vraies questions sont dans les paradoxes, dans ce qu'il est impossible de résoudre ! Il y a un jeu entre ce qui cherche à être pur et ce qui doit devenir pur par sa relation avec l'impur. On voit à quel point un théâtre idéaliste ne peut fonctionner, tant il cherche à être continuellement en dehors de la matière du monde. Le pur ne peut s'exprimer dans le théâtre qu'à travers quelque chose qui est d'essence obligatoirement impure. C'est ce mariage mystérieux qui est au centre de l'expérience.

On parle des Bouffes et d'impureté... si nous allions manger !

Pause

2

Un des grands principes du théâtre nô, énoncé il y a des siècles par le grand maître Zeami, est que si l'on joue la même pièce avant ou après le dîner, cela change tout. Vous constaterez ayant mangé que l'ambiance entre nous est maintenant très différente. L'initiative est de votre côté !

Vous écrivez dans L'Espace vide *que "toute forme créée est déjà moribonde". Or, vous venez de parler du* nô, *qui est un théâtre formellement très ritualisé. Cette forme perdure et transporte une grande intensité. Vous-même, aux Bouffes-du-Nord, utilisez souvent la même forme : un espace vide, la présence de musiciens, pas de décor, l'intensité mise sur la relation entre les personnages... Pouvez-vous expliquer ce que vous entendez par "forme" ? Je ne sais pas si ma question est claire !*

TOUTE FORME EST MORTELLE

Elle est trop claire ! C'est une question qui va très loin. J'essaierai de vous donner des exemples concrets.

Lorsqu'en 1968 j'ai rencontré pour la première fois notre acteur japonais Yoshi, il m'a dit : "J'ai fait mon éducation au Japon dans le nô, j'ai eu un maître nô, j'ai travaillé dans le bunraku et dans le nô, mais je sens que cette forme magnifique n'est pas véritablement en contact avec la vie d'aujourd'hui. Si je reste au Japon, je ne pourrai pas trouver de solution à ce problème. J'ai un grand respect pour ce que j'ai appris, mais en même temps j'ai besoin de chercher ailleurs. Je suis venu en Europe dans l'espoir de trouver comment sortir de cette forme magnifique mais qui ne nous parle pas aujourd'hui."

Second exemple : une expérience vécue à l'occasion de *La Conférence des oiseaux*. J'ai toujours haï les masques qui pour moi avaient quelque chose de plus que *deadly*, vraiment moribond. Cependant, pour ce spectacle il m'a semblé intéressant de les utiliser, ayant vu une série de masques balinais très proches du type humain et très éloignés du visage mortuaire, malsain, que j'avais souvent ressenti. Nous avons donc invité un acteur balinais, Tapa, à travailler avec nous. Le premier jour, il a montré à tout le monde comment on joue avec le masque, comment bouge chaque personnage. Les acteurs le regardaient avec intérêt, avec respect, mais ils se rendaient compte que personne n'était capable de faire cela. Tapa montrait le masque tel qu'il était vécu dans la tradition balinaise, avec mille ans de tradition derrière. Or, cela eût été une singerie que d'essayer d'être ce que nous n'étions pas.

Nous lui avons donc demandé ce qu'il était possible de faire. "Finalement, pour nous, ce qui importe c'est le moment où l'on assume le masque", nous dit-il. Ce n'était plus une indication de style mais une indication essentielle. "Nous prenons le masque, et pendant un long moment nous le regardons jusqu'à ressentir tellement l'impression de ce visage qu'on en arrive à respirer avec lui. A ce moment-là, seulement, nous pouvons le mettre sur notre visage." A partir de cet instant, chacun a essayé de trouver sa relation avec le masque, y compris l'acteur balinais et ce fut une expérience sidérante de voir qu'en dehors des gestes codés par la tradition balinaise il y avait mille formes, mille mouvements différents qui correspondaient à la vie du masque. C'était à la portée de tous parce que cela ne passait pas par les codes figés par la tradition.

Troisième image : la première démonstration de kathakali à laquelle j'ai assisté en Californie. Cela se passait dans une école d'art dramatique, la démonstration avait lieu en deux parties. Dans la première partie, l'acteur maquillé, en costume, fit une démonstration de kathakali traditionnel, comme lors d'une véritable représentation, avec un disque pour la musique, etc. C'était très beau, très exotique. Entracte !

A notre retour, l'acteur avait enlevé son maquillage, il était habillé en jeans, en chemise et commençait à donner des explications. Pour rendre plus vivantes ces explications, il les illustrait, jouait les personnages mais sans avoir l'obligation de faire exactement les gestes traditionnels. Subitement, c'était pour nous infiniment supérieur à la forme traditionnelle.

La conclusion est qu'en général, dans le sens où nous utilisons ce mot, tradition veut dire figé. C'est une forme figée reproduite par automatisme, plus ou moins moribonde, avec quelques grandes exceptions, lorsque la qualité est tellement extraordinaire que la vie demeure, comme lorsque certaines personnes très âgées restent incroyablement vivantes et touchantes. Cependant toute forme est mortelle. Il n'existe pas de forme, en commençant par nous-mêmes, qui ne soit soumise à la loi fondamentale de l'Univers : celle de la disparition. C'est merveilleux. Toute religion, toute connaissance, toute tradition, toute sagesse accepte la naissance et la mort.

LE "*SPHOTA*"

La naissance, c'est la mise en forme, que l'on parle d'un être humain, d'un bébé, d'une phrase, d'un mot, d'un geste. Cela revient à ce que les Indiens appellent le "*sphota*". Ce concept est magnifique parce que le sens même est dans le son du mot. Dans un flot d'énergies sans formes, il y a subitement des espèces d'explosions qui correspondent à ce terme : "*sphota*". Cette forme, on peut l'appeler "l'incarnation".

Quelqu'un a une idée, vit cette idée qui prend une forme, et ça dure le temps que ça dure. Certains insectes durent une journée, des animaux durent quelques années, des humains durent plus longtemps, des éléphants durent encore plus longtemps... tous ces cycles existent, et c'est la même chose avec une idée, ou avec la mémoire.

Vous avez en vous une mémoire qui est une forme. Certaines formes de mémoire ("où ai-je garé ma voiture ?") durent à peine une journée. Le lendemain, elles s'effacent pour laisser place à une nouvelle forme. D'autres formes de mémoire durent plus longtemps : un numéro de téléphone peut être retenu plusieurs jours, plusieurs années. Enfin il y a les vrais souvenirs, les expériences fortement marquées qui durent toute une vie. C'est le même phénomène avec toutes les formes. Vous allez voir une pièce idiote, un film, et vous ne savez même plus le lendemain de quoi il s'agissait et il y a d'autres formes, qui durent plus longtemps.

Lorsque vous montez une pièce, obligatoirement, au début cela n'a pas de forme. L'événement, c'est la mise en forme. Ce que l'on appelle le travail, c'est la recherche de la forme juste. Si ce travail est réussi, le spectacle peut éventuellement durer quelques années pas plus. Pour *Carmen*, cela a duré environ quatre à cinq ans avant que nous sentions que nous étions à la limite, à la fois intérieurement et extérieurement. La forme extérieure, le groupe de chanteurs réunis, n'avait plus la même énergie.

LA FORME RÉALISÉE

C'est pour cela qu'il ne faut pas confondre la forme virtuelle avec la forme réalisée. La forme réalisée est ce que l'on appelle un spectacle. Elle prend sa forme extérieure en fonction de tous les éléments qui sont présents à sa naissance, comme dans l'astrologie. L'atrologie au théâtre, c'est le lieu et le moment où le spectacle se déroule. La même pièce montée aujourd'hui à Paris, à Bucarest ou à Bagdad sera évidemment très différente dans sa forme. Le lieu, l'ambiance sociale, politique, le climat, la pensée jouent sur les personnes.

On me demande parfois quelle est la relation entre *La Tempête* que j'ai montée il y a trente ans à Stratford et celle d'aujourd'hui aux Bouffes-du-Nord. Cette question est absolument idiote ! Comment serait-il possible qu'il y ait la moindre ressemblance de forme entre une pièce montée à une autre époque, dans un autre pays, avec des acteurs qui étaient tous de la même race et celle d'aujourd'hui montée à Paris avec une troupe internationale, deux musiciens japonais, un Iranien, des Africains ?

La forme n'est pas une chose inventée, heureusement, par le metteur en scène, c'est le "*sphota*" d'une certaine conjoncture. Ce "*sphota*" est comme une plante qui pousse, s'ouvre, fait son temps, est flétrie puis laisse la place à une autre plante. J'insiste beaucoup là-dessus parce qu'il existe un grand malentendu qui bloque beaucoup le travail au théâtre, qui consiste à croire que ce que l'auteur, ou le compositeur d'opéra, a écrit sur le papier, c'est une forme. Si l'on pense cela, on est complètement perdu.

LA FORME VIRTUELLE

On touche là au grand malentendu sur Shakespeare auquel j'assiste depuis tant d'années. Certains prétendent qu'"il faut jouer la pièce telle que Shakespeare l'a écrite". C'est une absurdité totale ! Personne ne sait quelle est la forme scénique qu'il avait en tête. Tout ce que l'on sait, c'est qu'il a écrit une chaîne de mots qui ont cette possibilité de donner naissance à des formes sans cesse renouvelées. Il n'y a pas de limites aux formes virtuelles qui sont dans un grand texte. Un texte médiocre ne peut donner naissance qu'à quelques formes alors qu'un grand texte, un grand morceau de musique, une grande partition d'opéra sont de véritables nœuds d'énergie. Comme l'électricité, comme toutes les sources d'énergie, l'énergie elle-même n'a pas de forme, elle a une direction, une puissance.

On peut constater dans n'importe quel texte qu'il existe une structure. Mais aucun poète véritable ne pense *a priori* à cette structure. Bien qu'il ait intégré en lui certaines règles, il a une impulsion très intense qui le pousse à faire vivre certaines choses. En cherchant à faire vivre ces éléments, il rencontre les règles et c'est alors que cela s'intègre dans une structure de mots. Une fois imprimée, il y a la forme qui est le livre.

S'il s'agit d'un poète ou d'un romancier, cela suffit. Mais pour le théâtre, on n'est qu'à mi-chemin. Ce qui est écrit et imprimé n'a pas encore la forme de ce qui pourrait sortir un jour de ces mots, la forme dramatique. Si on se dit "ces mots doivent être prononcés d'une certaine manière, avoir une certaine couleur, une musique..." malheureusement, ou peut-être heureusement, on se trompe toujours. Cela amène à tout ce qu'il y a de pire dans la tradition, au mauvais sens du terme.

On est toujours étonné par la quantité de formes inattendues qui peuvent surgir des mêmes éléments et la tendance humaine à refuser cela est toujours la réduction d'un univers.

Nous sommes là au cœur du problème. Rien n'existe dans la vie, sans forme ; nous sommes obligés à chaque instant, notamment en parlant, de chercher la forme. Or, il faut se rendre compte que cette forme peut être précisément l'obstacle absolu à la vie, qui n'a pas de forme. On ne peut échapper à cette difficulté et la lutte est permanente : la forme est nécessaire et pourtant elle n'est pas tout.

Face à cette difficulté, rien ne sert d'adopter une attitude puriste et d'attendre que la forme parfaite tombe du ciel, car dans ce cas, on ne ferait rien du tout. Cette attitude serait stupide. Réapparaît ici la question de la pureté et de

l'impureté. La forme pure ne descend pas du ciel. La mise en forme est toujours un compromis qu'il faut accepter, tout en se disant "c'est provisoire, il faudra la renouveler". On touche là à une question dynamique qui ne s'épuise jamais.

Cela ne résout pas mon problème qui était de vous donner des réponses courtes !

> *En ce qui concerne* Carmen *il semblerait que la marge entre la forme virtuelle et la forme réalisée soit très mince. Est-ce pour cela que vous avez effectué un certain nombre de coupures ? La coupure permet-elle d'approcher ce que vous appelez la qualité ?*

CARMEN A HOLLYWOOD

Lorsque nous avons commencé à travailler sur *Carmen* avec Jean-Claude Carrière et Marius Constant, la seule chose sur laquelle nous étions d'accord c'est que la forme donnée par Bizet n'était pas nécessairement celle qu'il aurait donnée aujourd'hui. Nous avions l'impression que Bizet était comme un scénariste de cinéma engagé aujourd'hui par une société d'Hollywood pour faire un grand film à succès sur un très beau sujet. Le scénariste qui connaît les règles du jeu sait que, quelle que soit sa manière intime de voir les choses, il est obligé de jouer avec les critères du grand cinéma commercial international, soulignés chaque jour par son producteur : l'histoire d'amour illégitime, le happy end, etc. Cela n'a rien à voir avec un film de Tarkovski où tout ce qui se trouve dans le film a fait l'objet d'une réflexion profonde, où tout est absolument nécessaire.

Nous avions le sentiment que Bizet avait été profondément touché en lisant le conte de Mérimée, qui est une nouvelle incroyablement dépouillée avec un style sans fioritures, sans complications, sans artifices. C'est le contraire d'un auteur

baroque, il est très simple et très court. A partir de cette nouvelle, Bizet a été obligé de faire un opéra comique de son époque où il y avait, comme à Hollywood aujourd'hui, des normes à respecter. Nous sommes donc partis du principe évoqué tout à l'heure : l'ennui. Nous nous sommes interrogés sur la nature de l'ennui que provoquaient en nous, en général, les représentations de *Carmen*, pour arriver à la conclusion qu'une scène vide, envahie soudain par quatre-vingts personnes qui viennent chanter et puis fichent le camp, était profondément ennuyeux.

Pour nous et pour Marius Constant, la musique également n'était pas ce qu'il y avait de plus génial. Ce qui était très intéressant, c'était la musique qui exprimait les relations entre les protagonistes. Nous avons donc pris la décision, qui fut la nôtre et ne sera peut-être jamais plus réalisée, d'essayer de voir si l'on pouvait extraire de ces quatre heures ce que nous avons nommé volontairement *La Tragédie de Carmen*, en référence à la tragédie grecque. C'est-à-dire de ne conserver que la relation forte et tragique entre les personnages. Nous sentions qu'il y avait là les passages de musique de plus grande qualité, qui provenaient de l'intimité. Lorsqu'un opéra est monté dans un grand théâtre, à grande échelle, il peut avoir une grande vitalité, une grande vivacité mais pas forcément une très grande qualité. Nous avons cherché à ramener tout cela à une musique qui puisse être chantée doucement, légèrement, sans excès et sans exhibitionnisme, sans grande virtuosité. Faisant cela, allant vers l'intimité, nous cherchions essentiellement la qualité.

UNE MATRAQUE POUR FERMER LA BOUCHE

Finalement, vous l'avez compris, je vous conseille chaque fois que vous allez au théâtre et que vous vous ennuyez, de ne pas le cacher, de ne pas croire que vous êtes coupables, que c'est de votre faute. Ne soyez pas matraqués par la belle idée de la culture. Posez bien la question : "Est-ce quelque chose qui manque en moi, ou dans le spectacle ?" Vous avez le droit de contester cette idée horrible, socialement acceptée aujourd'hui, que la culture serait automatiquement "supérieure". Bien entendu, la culture est une chose très importante mais l'idée vague de la culture qui ne serait pas réexaminée, renouvelée, est une idée utilisée comme une matraque pour empêcher les gens d'ouvrir la bouche.

Cela est pire encore, heureusement moins en France qu'en Angleterre ou en Amérique, où la culture est considérée comme la Mercedes ou le bon restaurant : un signe extérieur de réussite sociale. C'est l'idée de base du "sponsoring". Le principe du "sponsor" est une chose tragique qui entre dans notre monde. Le seul intérêt d'un sponsor pour un événement théâtral c'est de pouvoir faire venir ses clients et leurs femmes. Il faut donc que le spectacle soit conforme à l'idée qu'ils se font de la culture : que ce soit beau, joli et ennuyeux.

A Londres, un petit théâtre qui a une très bonne réputation, l'Almeida, souhaitait faire venir notre *Carmen*. L'équipe a demandé une subvention à une grande banque, qui en fut ravie : "*Carmen*, quelle merveilleuse idée !" Alors que tous les préparatifs du voyage étaient faits, le directeur du théâtre reçoit un coup de téléphone du responsable culturel de la banque : "Je viens de recevoir vos brochures, c'est étrange... Votre théâtre n'est pas au centre de Londres ? Il est en banlieue ? Et *Carmen* est joué par quatre chanteurs et deux acteurs ? L'orchestre est réduit à quatorze musiciens ? Et le chœur ? Il n'y a pas de chœur... ? Mais pour qui nous prenez-vous ? Vous imaginez que notre banque va emmener ses meilleurs clients en banlieue voir *Carmen* sans chœur, avec un orchestre réduit ?" Et il a raccroché. Nous n'avons jamais joué à Londres !

J'insiste donc sur la différence entre une culture vivante et cette autre idée de la culture, extrêmement dangereuse, qui commence à parcourir tout le monde développé, notamment depuis que se répand cette relation entre spectacle et sponsor.

Vous avez beaucoup parlé du deadly theatre, *pouvez-vous revenir sur les autres notions de votre livre, le "théâtre sacré", le "théâtre brut", le "théâtre immédiat" ?*

LE THÉÂTRE SACRÉ

S'agissant du "théâtre sacré" l'essentiel est de parler de l'invisible rendu visible. En réalité, il y a plusieurs couches d'invisible. Tout le monde connaît et admet au XXe siècle la couche psychologique, cette zone obscure où, entre ce qui est dit et ce qui est vrai, se trouve le mensonge. Presque tout le théâtre contemporain reconnaît ce grand monde freudien où, derrière le geste ou la parole apparente, se trouve la zone invisible où se situent les impulsions de l'ego, du super-ego, du refoulé, de l'inconscient... qui créent le décalage entre ce qui est présenté comme la vérité et ce qui est en fait une forme de mensonge.

Ce niveau d'invisible psychologique ne relève pas du tout du théâtre sacré. Le "théâtre sacré" dit que derrière cela il existe encore, en dessous, autour et au-dessus, une autre zone encore plus invisible, encore plus loin des formes que nous sommes capables de lire, d'enregistrer, qui contient des sources d'énergie extrêmement fortes.

Dans ces zones d'énergies peu connues existent des impulsions qui nous guident vers "la qualité". Toute impulsion humaine vers ce que nous appelons, de manière floue et maladroite, la qualité, vient d'une source dont nous ignorons entièrement la nature, le sens même, mais que nous sommes tous parfaitement capables de reconnaître quand elle se manifeste en nous-mêmes ou chez une autre personne. Cela ne se communique pas par le bruit mais à travers le silence. C'est ce que l'on appelle, puisqu'il faut bien utiliser des mots, "sacré".

La seule question qui importe est celle-ci : le sacré est-il, ou n'est-il pas, une forme ? La dégénérescence des religions, leur décadence, vient de ce que l'on confond un courant, une lumière, qui n'est qu'une forme temporaire, avec ce que l'on nomme, c'est-à-dire les cérémonies, les rituels, les dogmes. Certaines formes, qui étaient parfaitement adaptées pour certaines personnes quelques années ou pour toute une société pendant un siècle, sont encore là aujourd'hui, défendues au nom du respect. Mais de quel respect s'agit-il ?

Depuis des milliers d'années, l'homme a compris que rien n'est plus terrible que de cultiver l'idolâtrie, parce que l'idole n'est qu'un morceau de bois. Si on est à la recherche du sacré, décision très personnelle bien entendu, alors on ne peut pas transiger : soit il est de tous les instants, soit il n'existe pas. On ne peut avoir un sacré qui se présente le dimanche et qui s'endort les autres jours de la semaine. Il est absurde de penser que le sacré existe au sommet de la montagne et pas dans la vallée.

L'INVISIBLE DANS LA VIE DES HOMMES

Le problème est que l'invisible n'est pas obligé, pour plaire à tout le monde, de se rendre visible. Certains journalistes qui font des livres ou des émissions de télévision pensent qu'il suffit de se rendre en Inde, de frapper à la porte d'un ashram et de demander à rencontrer le gourou pour qu'il leur montre le sacré. "Bonjour, je suis d'Antenne 2, je voudrais voir le sacré !" Evidemment ils ne voient rien du tout et reviennent en disant que cela n'existe pas.

Si l'invisible n'est pas obligé de se manifester, il peut cependant le faire n'importe où et à n'importe quel moment, à travers n'importe quelle personne, pourvu que les conditions soient justes. Je crois donc qu'il ne sert à rien de reproduire les rituels sacrés du passé qui ont peu de chance de nous amener vers l'invisible. La seule chose qui peut nous aider, c'est le sens du présent. Sentir que le moment présent est cerné d'une manière particulièrement intense et que les conditions sont favorables au "*sphota*", cet "éclair" qui surgit au moment du son juste, du geste juste, du regard juste, de l'échange juste. Alors, dans mille circonstances très inattendues, l'invisible peut apparaître, bien entendu à travers une forme. La quête du sacré est donc une attitude, une recherche.

L'invisible peut se manifester dans les objets les plus ordinaires dès lors que la métamorphose, l'alchimie, est présente. La bouteille d'eau en plastique dont je parlais précédemment peut être transformée et imprégnée par l'apparition de l'invisible, dès lors que la personne qui s'en saisit est en état de réceptivité et pleine de talent. La danseuse indienne pourrait sacraliser cette bouteille de manière très juste.

Le sacré est une transformation, en terme de qualité, de ce qui n'est pas sacré au départ. Le théâtre passe par des relations entre les hommes qui, obligatoirement puisqu'ils appartiennent au monde des hommes, ne sont pas sacrées. L'invisible apparaît à travers le visible qui est la vie des hommes.

LE THÉÂTRE BRUT

Le "théâtre brut", le théâtre populaire, est autre chose.

C'est une célébration des moyens du bord, l'anéantissement de tout ce qui est d'ordre esthétique. Cela ne veut pas dire que la beauté n'y entre pas, mais ce sont des gens qui disent : "Nous n'avons aucun moyen extérieur, pas un sou, pas d'artisanat, pas de qualification esthétique, nous ne pouvons pas payer des costumes superbes ni des décors, nous n'avons pas de scène, nous n'avons rien d'autre que nos corps, nos imaginations et les moyens du bord."

Quand nous travaillions avec le *Carpet Show*, c'était précisément avec les moyens du bord. Dans de nombreux pays, il était intéressant de constater que nous nous trouvions dans la même tradition que les groupes de théâtre populaire que nous rencontrions, parce que, justement, quenous ne cherchions pas la tradition. Dans les lieux les plus divers, les Esquimaux, les Balinais, les Coréens, nous-mêmes, faisons exactement la même chose. J'ai connu en Inde un groupe de théâtre merveilleux, un théâtre de village plein de gens très doués et inventifs. S'ils devaient jouer une pièce ici, aujourd'hui, ils auraient tout de suite utilisé les coussins sur lesquels vous êtes assis, cette bouteille, ce verre, ces deux livres... parce que ce sont les moyens du bord. S'agissant du théâtre brut, c'est cela l'essentiel.

LE THÉÂTRE IMMÉDIAT

Quand je parle du "théâtre immédiat", c'est simplement pour dire que tout ce que j'ai dit jusqu'à présent est très relatif. Il ne faut rien prendre comme dogme ni comme classification définitive. Tout est aléatoire, comme les moyens du bord. A vrai dire, "théâtre immédiat" signifie que, quel que soit le sujet traité, il faut trouver les meilleurs moyens, ici et maintenant, pour faire vivre ce thème. On voit tout de suite que cela demande une recherche permanente, cas par cas, selon les besoins. Lorsqu'on se rend compte de cela, on se trouve devant une richesse extraordinaire parce que tout est possible. Les moyens du théâtre sacré s'y trouvent, comme les moyens du théâtre brut. Théâtre immédiat veut donc dire : "ce dont on a besoin".

Nous touchons ici à un grand thème. Il s'agit du conflit entre deux nécessités : d'une part celle de la liberté absolue dans l'approche, la reconnaissance du fait que "tout est possible", et d'autre part la rigueur et la discipline qui font que "tout" n'est pas "n'importe quoi". Comment se situer entre le “tout est possible” et le “n’importe quoi est à éviter” ? La discipline, en soi, peut être soit négative soit positive. Elle peut fermer toutes les portes, nier la liberté, ou au contraire constituer la rigueur indispensable pour sortir de la boue du “n’importe quoi”.

C’est pour cela qu’il n’y a pas de recettes. Rester trop longtemps dans la profondeur peut devenir ennuyeux. Rester trop longtemps dans le superficiel devient vite banal. Nous devons être en permanence en mouvement.

Comme personne ne pose la question qui permettrait une réponse courte, je me la poserai à moi-même.

“Ne serait-ce pas maintenant le moment idéal de s’arrêter ?”

La réponse serait : “Oui.”

A demain !

DEUXIÈME JOURNÉE

Nous voici à nouveau réunis. C'est la suite du feuilleton ! Je vais jouer au prof et demander à la classe : Quelles sont les questions qui restent en suspens ?

– Vous avez dit "pour le décor, on en reparlera"... Pourrait-on en reparler ?
– Vous avez eu une phrase que j'ai lue un jour : "je ne souhaite pas que la répétition soit embaumée de trajectoires". Pourriez-vous préciser cela ?
– Vous avez beaucoup parlé de l'acteur, utilisant le même mot pour désigner les acteurs professionnels de nos sociétés et ceux – non professionnels – des villages lointains. Y a-t-il pour vous une différence entre un "acteur" et quelqu'un qui ne l'est pas ? Et s'il y a une différence, qu'en est-il de la formation ? Est-ce que cela s'apprend ?
– Tous ceux qui sont rassemblés ici ont une pratique du théâtre en milieu scolaire. Pouvez-vous nous livrer quelques réflexions sur les retombées pédagogiques de ce que vous nous avez dit hier ?
– J'ai le sentiment que la façon dont vous parlez de l'art du théâtre peut s'appliquer à un art beaucoup plus subtil et complexe : l'art de vivre. Cette "étincelle" que l'on recherche dans l'"espace vide" peut se désirer aussi dans la vie pour lutter contre la banalité. La peur du vide que l'on comble par sécurité peut être ressentie également dans la vie. Peut-on développer l'art du théâtre, tel que vous en parlez, sans développer aussi cet art de vivre ?

Je constate que vous posez une grande question, éternelle, que chacun d'entre nous se pose : "comment vivre ?", alors que la première question était très précise et simple, sur le décor. Cela est intéressant parce qu'il n'y a pas, à mon sens, de contradiction entre les grandes questions et la dimension concrète des choses.

Les grandes questions restent complètement illusoires et théoriques s'il n'y a pas de base concrète, d'application sur le terrain. Ce qui est merveilleux c'est que le théâtre est précisément le lieu de rencontre entre les grandes questions de l'humanité, la vie, la mort... et la dimension artisanale, très pratique. C'est comme faire de la poterie. Dans les grandes sociétés traditionnelles, le potier est quelqu'un qui essaie de vivre les grandes questions éternelles en même temps qu'il fabrique son pot. Cette double dimension est possible dans le théâtre, c'est même ce qui lui donne toute sa valeur.

On peut donc le regarder des deux points de vue, à la fois abstrait et concret, mais il est dangereux de se contenter d'une approche trop abstraite, même si cela est juste. Il vaut mieux chercher le lien avec la vie de façon strictement artisanale.

La question du décor est une question très pratique : "Est-ce que c'est bien ou pas bien ? Est-ce que cela remplit une fonction ? Est-ce que ça marche ?" Si on part toujours de l'espace vide, la seule question est celle de l'efficacité. L'espace vide est-il insuffisant ? Si la réponse est : "oui", alors on commence à voir clairement quels sont les élémens indispensables. La base du travail artisanal du cordonnier est de faire des chaussures qui marchent, la base du travail artisanal au théâtre consiste à produire avec le public, à partir d'éléments très concrets, une relation qui marche.

Pour ma part, je considère que nous sommes restés hier sur une question qui englobe tout ce que vous avez évoqué : il s'agit de la nécessité d'être complètement libre et en même temps suffisamment rigoureux pour éviter la complaisance, le "n'importe quoi". La question pédagogique est au centre de cette préoccupation.

Essayons d'aborder cette question de manière concrète par le biais de l'improvisation. Depuis longtemps déjà, tout le monde en parle, c'est un des clichés de notre époque, partout "on improvise". Il est utile d'observer que ce mot recouvre des milliers de possibilités différentes, bonnes et mauvaises.

Attention : dans certains cas, même le "n'importe quoi" est bon ! Au premier jour des répétitions, comme ceux d'entre vous qui sont enseignants le font peut-être avec une nouvelle classe, il est presque impossible d'inventer une bêtise qui soit vraiment bête parce que la moindre idée peut être efficace. Essayons ! Je vais dire la première chose qui me passe par la tête : "Levez-vous, prenez les coussins sur lesquels vous êtes assis, et changez très vite de place !"

(Brouhaha. Tout le monde change de place.)

Recommencez beaucoup plus vite... sans vous heurter... en silence... dans le calme... formez un cercle !

(Tout le monde bouge, selon les consignes.)

Vous voyez, on peut inventer n'importe quoi. C'est la première chose qui m'est venue à l'esprit. Je ne me suis pas demandé : "Est-ce que c'est bête, très bête ou trop bête ?" Je n'ai pas porté le moindre jugement sur ma propre idée au moment où elle se présentait. Cependant nous constatons que l'atmosphère entre nous est plus détendue, que nous nous connaissons mieux. Nous sommes prêts à faire autre chose. Certains exercices sont donc utiles, comme des jeux, simplement parce que ça détend.

Pourquoi improviser ? D'abord pour créer une atmosphère, une relation, mettre tout le monde à l'aise, permettre à chacun de se lever, de s'asseoir sans que cela crée un drame. On cherche d'abord la confiance, pour lutter contre la peur dont nous parlions précédemment. Ce qui bloque le plus de monde aujourd'hui, c'est la parole. Il ne faut donc pas commencer avec la parole, avec les idées, mais avec le corps. Le corps libre est un premier pas.

Vous venez donc de faire une improvisation. Cherchons maintenant une autre bêtise : "Levez-vous... fermez le cercle... jetez votre coussin en l'air et rattrapez-le..."

(Tout le monde essaie.)

PROPOSER UN DÉFI

Introduisons maintenant un brin minuscule de rigueur : "Jetez le coussin en l'air... tournez sur vous-mêmes... et rattrapez-le."

(Tout le monde essaie.)

Maintenant que vous maîtrisez presque ce mouvement, il faut un autre élément de rigueur : "Jetez votre coussin en l'air... déplacez-vous sur la droite... et rattrapez le coussin de votre voisin..."

(Tout le monde essaie.)

Ne poussons pas cet exercice jusqu'à la perfection. Constatons que nous sommes un peu plus animés, le corps commence à chauffer, cependant il n'y a pas de vraie rigueur. Comme dans de nombreuses improvisations, le premier pas est important, mais il ne suffit pas. Il faut prendre conscience à la fois de la joie et du piège de l'improvisation. En donnant une possibilité de vivre, de s'exprimer, de bouger autrement que dans la vie quotidienne, on est tout de suite dans la joie mais si, très rapidement, on ne propose pas un défi, l'expérience tourne en rond. J'ai fait ce constat pour toutes les formes d'improvisations.

Aux Etats-Unis, lorsque des groupes de théâtre improvisent, ils appliquent le principe de ne jamais intervenir, ne jamais interrompre une improvisation en cours. Si vous voulez vraiment savoir ce qu'est l'ennui, il faut assister à une improvisation de deux ou trois acteurs qui s'installent et "prennent leur pied". Ils se trouvent inévitablement bloqués très rapidement. Il faut donc continuellement changer de registre.

LE CÉLÈBRE EXERCICE DE M. BROOK

Je vais vous proposer une nouvelle improvisation mais d'abord une précision : n'essayez pas de reproduire ce que nous faisons ici dans un autre contexte. Ce serait une tragédie si l'an prochain, dans toutes les écoles de France, les enfants se mettaient à lancer des coussins en l'air sous prétexte qu'il s'agirait du "célèbre exercice de M. Brook". Il y a sans doute des choses beaucoup plus marrantes à inventer.

Les personnes qui sont devant moi, désignez-vous l'un après l'autre par un chiffre.

(Exercice : une quinzaine de personnes. Chacun se désigne, dans l'ordre où il est placé, par un chiffre un... deux... trois... quatre...etc.)

Essayez maintenant de vous désigner de un à quinze, mais sans tenir compte de votre place. Celui qui veut commence. Il faut aller de un à quinze sans que deux personnes parlent en même temps.

(Exercice : un... deux... trois... quatre... puis deux personnes disent cinq en même temps.)

Non. Deux personnes ayant parlé en même temps, il faut recommencer.

(Exercice : le groupe se désigne de un à quinze, l'un après l'autre, sans confusion.)

N'allons pas plus loin. Notez qu'il y a d'une part liberté absolue, chacun se désigne quand il veut, et d'autre part deux conditions qui imposent la rigueur, conserver l'ordre des chiffres et ne pas parler en même temps que l'autre. Cela demande une concentration plus importante que lors de la première tentative qui consistait simplement à donner son chiffre dans l'ordre où l'on était placé.

Une anecdote : cet exercice m'a été donné dans un café par un metteur en scène américain. Il me dit : "Mes acteurs font souvent Votre Grand Exercice." Je lui ai demandé de quoi il parlait et il m'a décrit ce que nous venons de faire... que je ne connaissais absolument pas. Je le lui ai piqué tout de suite ! Depuis nous le faisons régulièrement. Dans cet exercice, les gens se trompent très souvent. Cela peut durer vingt minutes ou une demi-heure, la tension devient très aiguë et la qualité de l'écoute du groupe se transforme. Je vous montre cela comme un exemple de ce que l'on pourrait appeler des exercices de préparation.

COMME ON ÉCOUTE UNE MUSIQUE

Prenons un autre exemple léger pour illustrer un principe. Faites un mouvement avec votre bras droit, permettez lui d'aller n'importe où, vraiment n'importe où, sans penser. Au signal, laissez-le partir puis arrêtez le mouvement. Allez-y !

(Tout le monde bouge le bras.)

Restez immobiles. Essayez maintenant de sentir la totalité de votre attitude, sentir ce que vous êtes en train d'exprimer. Sentez l'impression intérieure qui se dégage de votre attitude. Je vous regarde tous, vous avez accepté de ne rien vouloir raconter, pourtant chacun exprime quelque chose. Rien n'est neutre.

Refaites une seconde fois l'expérience : un mouvement du bras, sans préméditation.

(Tout le monde bouge le bras.)

Essayez, sans modifier votre position, de sentir une relation entre la main, le bras, l'épaule... jusqu'aux muscles de l'œil. Sentez que cela a un sens. Maintenant, faites un tout petit développement du geste et arrêtez-vous à nouveau.

(Léger mouvement.)

Sentez que dans ce tout petit changement, quelque chose s'est transformé dans la totalité de l'attitude. Merci !

On se rend compte à quel point, au-delà de toute habitude, nous sommes continuellement en train d'exprimer, consciemment et inconsciemment, mille choses avec tout le corps. La plupart du temps, cela se passe à notre insu.

Faisons maintenant une autre expérience. Faites la même chose, mais au lieu de prendre un geste qui est le vôtre, prenez un geste donné, celui-ci : placez votre main ouverte à plat devant vous, paume vers l'extérieur.

(Tout le monde fait le même geste.)

Il s'agit du contraire de l'improvisation : vous faisiez tout à l'heure un geste de votre choix, vous faites maintenant un geste imposé. Je vous demanderai d'accepter simplement d'assumer ce geste. Ne vous demandez pas “qu'est-ce que ça veut dire ?” de manière intellectuelle et analytique, sinon vous seriez en dehors. Essayez de sentir ce qu'il provoque en vous. Vous êtes en train de vivre quelque chose qui vous est donné de l'extérieur, différent du geste libre précédent, et pourtant si vous l'assumez pleinement, c'est la même chose.

Essayez de sentir comment ce geste se lie à l'expression des yeux. Ne jouez pas la comédie, ne faites pas de grimaces pour justifier la présence des yeux et du visage, laissez la relation se faire et cela devient très fort.

Essayez maintenant de suivre, comme on écoute une musique, comment ce geste se transforme si vous passez de cette première position, paume à l'extérieur, à cette autre position, la paume vers le plafond. Ce que l'on essaie de faire n'est pas seulement de sentir les deux attitudes mais le passage de l'une à l'autre, comment cela se tranforme.

(Mouvements.)

Cherchez maintenant, sans introduire l'anecdote, des variantes personnelles dans ce mouvement, articulez le geste comme vous le voulez, cherchez votre propre tempo qui créera une signification. Non pas une idée *a priori*, mais une idée vécue. Pour ne pas réfléchir, il faut être sensible à l'écho, à la résonance produite par le geste dans le reste du corps.

(Mouvements.)

Ce que vous venez de faire, c'est encore une "improvisation". Il y a donc deux formes d'improvisations, celles qui partent de la liberté complète de la personne et celles qui tiennent compte d'une contrainte donnée qui, dans un spectacle, peut être un texte, une mise en scène... Même dans ce cas, et à chaque représentation, l'acteur devra "improviser".

L'AMATEUR ET LE PROFESSIONNEL

Ce que nous venons de faire en quelques minutes peut prendre normalement des semaines et des mois. Des exercices comme le jeu avec les coussins, par exemple, peuvent être proposés à des enfants pendant plusieurs mois. Je dirais même qu'il est possible de faire des bêtises, jouer des personnages comiques pendant longtemps avant de porter le moindre jugement, pour que le processus de confiance s'installe. Avec des acteurs professionnels, on peut y arriver après quelques jours de répétition, en jouant, en mettant de la musique, en dansant... Pour préparer *La Tempête*, nous sommes allés passer une semaine à la chartreuse de Villeneuve-lès-Avignon, totalement isolés, en faisant des exercices de toutes sortes sans jamais toucher à la pièce. Il me semble que dans une classe on pourrait faire des choses de ce type pendant un temps très long. C'est une très bonne chose si, à travers la rigolade, on arrive à s'ouvrir, à condition qu'il existe ensuite un autre palier. On touche ici à la différence, qui vous intéresse, entre amateur et professionnel. L'amateur peut faire beaucoup de choses dans l'élan, dans l'enthousiasme. Le professionnel devra atteindre un degré de maîtrise qui, dans toutes les circonstances, donnera l'impression d'être naturel.

Le meilleur exemple de ce phénomène se trouve au cinéma. Des acteurs amateurs, parfois des enfants, quelqu'un que l'on a trouvé dans la rue peuvent jouer apparemment aussi bien que des acteurs professionnels. Cependant on ne peut pas dire que tous les rôles, dans tous les films, pourraient être tenus indifféremment par des amateurs ou des professionnels. Où est la différence ? Si vous demandez à un amateur de faire devant la caméra ce qu'il fait généralement dans la vie, il le fera très bien. Ce fut le cas par exemple dans *La Bataille d'Alger* où les Algériens qui avaient effectivement vécu les batailles, la clandestinité, la résistance ont pu jouer, quelques années plus tard, non seulement les mêmes gestes mais les mêmes émotions. Mais dès que l'on demande à quelqu'un qui n'est pas professionnel d'entrer dans un état d'émotion qui n'est pas normalement le sien, ce sera beaucoup plus difficile.

Entre les mains d'un véritable artiste, tout peut sembler artificiel ou tout peut sembler naturel, selon les cas. On imagine que les gestes de la vie quotidienne sont automatiquement plus réels que ceux utilisés à l'opéra ou dans un ballet. Ce n'est pas vrai. Il suffit de regarder le travail de l'Actor's Studio pour comprendre que le super-naturalisme peut donner une impression aussi artificielle que de chanter l'opéra, et vice versa. Le rôle de celui qui joue est de rendre

naturel n'importe quel style. On en revient au principe : n'importe quel geste, je l'assume et je le rends "naturel".

Pour aller plus loin dans les exemples, il serait intéressant de se pencher maintenant sur un passage de *La Tempête*, et de voir comment il est possible de transformer des phrases qui n'ont rien à voir avec les paroles quotidiennes, pour en faire des expressions naturelles.

Mais avant de rencontrer Shakespeare, je vous propose un peu d'air et une tasse de thé !

Pause

3

Peut-être avez-vous vu, lors de la récente soirée des "césars" à la télévision, un extrait de film où Jean Renoir disait à une comédienne : "J'ai appris de Michel Simon – ce qui était aussi la méthode de Jouvet et certainement celle de Molière et de Shakespeare – à savoir qu'il faut essayer de comprendre votre personnage sans avoir aucune idée préconçue. Il faut répéter le texte de nombreuses fois, d'une manière complètement neutre, jusqu'à ce qu'il entre en vous, que la compréhension devienne totalement personnelle et organique." Cela rejoint ce dont nous parlions hier concernant le masque balinais et la nécessité de se laisser imprégner par lui...

LE THÉÂTRE N'EST PAS MILITAIRE

La suggestion de Jean Renoir est excellente mais, comme toutes les suggestions, elle est inévitablement partielle. J'ai connu un metteur en scène de Tchekhov qui répétait les pièces pendant des semaines en les chuchotant. Il faisait lire le texte très bas, en empêchant les acteurs de jouer, donc de salir le texte avec toutes sortes de désirs, celui de montrer, de jouer, même de jouir de l'acte de jouer. Il demandait de murmurer pendant des semaines jusqu'à ce que la chose s'installe profondément à l'intérieur de l'acteur. Pour Tchekhov, cela peut apporter de bons résultats mais en même temps c'est une méthode dangereuse.

J'ai rencontré par ailleurs une troupe américaine qui présentait en tournée une pièce de Shakespeare. Les acteurs m'ont raconté avec fierté leur méthode de travail : en tournée en Yougoslavie, chaque nuit, ils allaient se promener dans les rues de la ville en hurlant "*To be or not to be...*" sans penser à rien. Ils finissaient eux aussi par être imprégnés de leur texte. Peut-être sont-ils en partie responsables des troubles actuels dans ce pays car ils ont dû y laisser des vibrations pernicieuses ! Bien entendu, il s'agit là d'une pratique poussée à un point absurde.

A vrai dire, il faut combiner les deux approches à la fois. Il est très important, pour aborder une scène, de se lever et de jouer, d'être debout et de jouer en improvisant, en découvrant le texte d'une manière dynamique et active. Je suis personnellement totalement sourd et aveugle face à la technique allemande qui consiste à se mettre pendant des semaines autour d'une table pour discuter. Cette théorie prétend qu'avant d'avoir établi une sorte de schéma intellectuel, il est interdit de se lever sous prétexte que l'on ne connaîtrait pas la direction du travail. Ce principe est sans doute très adapté à une opération militaire telle que "Tempête du désert". Le général Schwarzkopf a dû faire très intelligemment ce travail en réunissant ses copains alliés autour d'une table avant d'envoyer les chars à l'assaut du Koweit, mais le théâtre est autre chose...

L'INTUITION ET L'ANALYSE

Revenons un instant sur ce que nous faisions avant la pause. Il y a une différence claire et forte qui s'installe tout de suite, dès le premier palier, entre l'amateur et le professionnel. Quand il s'agit du chant, de la danse ou de l'acrobatie, la différence est évidente parce que les techniques sont très visibles. Dans le chant, la note est juste ou elle ne l'est pas. Pour le jeu d'un acteur la différence est aussi nette, l'exigence est aussi grande mais il est presque impossible de définir les éléments qui sont en jeu. On peut voir ce qui n'est pas juste mais ce qui doit entrer en jeu pour que cela soit juste est tellement subtil et complexe, qu'il est difficile de le désigner avec autant de précision. Pour cette raison, lorsqu'on essaie de trouver la vérité d'une relation entre deux personnages, la méthode analytique militaire ne marche pas. Elle ne peut concerner que la partie "visible" des problèmes mais pas cette immense partie cachée, dans l'ombre. Face à cette difficulté, nous sommes obligés d'utiliser plusieurs techniques en même temps.

Personnellement, j'aime lier dans la même journée des choses apparemment contradictoires ; d'abord des exercices de préparation qu'il faut faire chaque jour comme on entretient son jardin ; ensuite un travail autour de la pièce, sans idée préalable, en se jetant à l'eau ; enfin une troisième phase, l'analyse rationnelle, la clarification de ce que l'on vient de faire.

Cette clarification n'est très importante que si elle est inséparable d'une compréhension intuitive. Je déteste le travail autour de la table parce que dans ce cas on donne à l'analyse, à l'acte mental, une importance plus grande que l'utilisation de l'outil intuitif. Or, cet outil, plus subtil, va beaucoup plus loin que l'analyse. Précisons que l'intuition seule peut aussi être dangereuse et amener à ce paradoxe connu de nombreux acteurs qui consiste à dire : "Ça doit être bon puisque je le ressens !" Le plus souvent, ils se trompent. Cela justifie l'existence du metteur en scène, c'est-à-dire de l'œil, du regard devant l'acteur. Ce regard critique, au sens large du terme et non au sens du jugement, ce regard lucide peut permettre à l'acteur d'avancer. Bien entendu, le metteur en scène peut aussi se tromper !

Dès que l'on aborde les problèmes difficiles dans une pièce, on se trouve confronté à la fois à la nécessité de l'intuition et à celle de la réflexion. On ne peut se passer ni de l'une ni de l'autre. Nous pouvons essayer un travail rapide sur ces questions, à partir d'un passage très difficile de *La Tempête*. Qui a le courage de venir lire ce texte à haute voix ?

(Une participante se lève et prend le texte.)

"*PROSPERO. Vous avez l'air, mon fils, d'être d'humeur troublée,*
comme par le chagrin. Allons, un peu de joie,
nos fêtes maintenant sont finies. Nos acteurs,
comme je vous l'ai dit, n'étaient que des esprits
qui se sont dispersés dans l'air, dans l'air léger,
et de cette vision le support sans racine,
les tours couronnées de nuages,
les palais somptueux, les temples solennels
et le vaste globe lui-même
et tout, oui tout ce qui peut hériter de lui,
va se dissoudre un jour et, comme ce spectacle
immatériel s'est effacé,
il ne laissera pas une traînée de brume,
car nous sommes de cette étoffe
dont les rêves sont faits. Notre petite vie
est entourée par un sommeil.
Monsieur, je suis inquiet, supportez ma faiblesse,
ma vieille cervelle se brouille,
que mon infirmité ne vous dérange pas,
si vous voulez, retirez-vous dans ma cellule
et reposez-vous là. Je fais un tour ou deux
pour calmer ces coups dans ma tête."

LA TRADITION ET LE NATUREL

Vous voyez, ce texte est incroyablement dense et compliqué. Quelle est la première obligation ? L'acteur doit arriver à jouer ce passage en donnant l'impression que cette manière de parler est naturelle. Ce serait un mépris absolu pour un grand auteur comme Shakespeare de penser qu'en écrivant sa dernière pièce, il se serait dit subitement : "Bon, maintenant j'arrête de faire du théâtre, je vais faire de la littérature. Installez-vous bien dans votre fauteuil, moi Shakespeare, je vais vous faire de la poésie !" Je dis cela en plaisantant mais pendant longtemps, en Angleterre, la tradition victorienne, qui court encore aujourd'hui, prétendait que Shakespeare prenait pour prétexte une petite intrigue idiote pour en faire "de la littérature". Les amateurs de littérature allaient à la dégustation, sautant les bêtises de l'intrigue en buvant un verre de vin, pour se délecter de temps en temps des beaux passages. Celui qui vient d'être lu était de ceux-là, les grands acteurs de l'époque faisant résonner de leurs belles voix la valeur poétique de ces mots. Cette conception est totalement absurde.

Cependant, par réaction, un acteur moderne est complètement perdu, démuni devant ce texte en pensant : "Si tout ce qui est dit est véritablement l'expression de ce personnage, cela veut dire que c'est réaliste. Donc, pour que cela soit convaincant, il faut que je parle comme si c'était un dialogue naturel, comme dans une conversation." Or, c'est impossible. Sauf peut-être la première phrase. Dites la première phrase.

"Vous avez l'air, mon fils, d'être d'humeur troublée
comme par le chagrin. Allons, un peu de joie."

"Allons, un peu de joie." Il s'agit d'un être humain qui dit à une autre personne : "Qu'est-ce que tu as, toi ? Allons, un peu de joie !" C'est une phrase simple sur la vie et si l'acteur, par automatisme, prend une voix solennelle, une voix "shakespearienne" pour dire cela, il ridiculise évidemment le texte. Quelle est la dernière phrase ?

"Monsieur, je suis inquiet."

Voici encore une phrase de tous les jours. On peut le dire de mille manières mais ça rentre dans la gamme des "Bonjour" que nous évoquions précédemment. "Monsieur, je suis inquiet" ne peut devenir non plus une phrase solennelle sauf à ridiculiser à nouveau le texte.

Nous avons pris là les deux moments les plus clairs, faciles à aborder, parce que les phrases correspondent à des relations quotidiennes. Maintenant une question essentielle se pose : Shakespeare aurait-il pu dire la suite de la même manière ? Il suffirait de faire une improvisation sur le même contenu, à savoir une réflexion sur la vie, sur l'illusion, sur la mort, pour constater que nous aurions besoin de dix fois plus de mots.

Si l'on considère la notion dont nous parlions hier, la différence entre le théâtre et le non-théâtre qui est la concentration de la vie, de la vérité, nous voyons que le grand art du grand écrivain est de trouver, par des moyens très subtils, une manière très ramassée de dire les choses. "Nous sommes de cette étoffe dont les rêves sont faits. Notre petite vie est entourée par un sommeil." Chaque mot de ces phrases résonne très fortement parce que Shakespeare a fait un travail qui correspond à son génie, pour trouver la manière la plus économique de dire ce qui est indispensable à la compréhension de la pièce et du personnage.

Si on oublie maintenant l'auteur, observons que c'est le personnage de Prospero lui-même qui est obligé de trouver en lui la nécessité absolue de dire ces mots. Pourquoi Prospero est-il obligé, pour parler à ce garçon qui n'est pas joyeux, d'inventer, de trouver les mots justes, de créer ce passage ? L'acteur qui jouera le rôle devra se poser cette question, ce sera une démarche très différente de celle de l'acteur qui croit qu'il est là pour servir le poète. Il est là pour aller beaucoup plus loin, pour le servir d'une manière beaucoup plus profonde en essayant de comprendre pourquoi lui, le personnage, doit inventer au moment même ces mots.

Pour cela, une double démarche est nécessaire. D'une part il faudra comprendre, à travers de longues répétitions, ce qu'est le personnage. Toutes sortes d'expériences pourront aider : l'expérience de la pièce entière, l'expérience du texte, qui évoque quelque chose à chaque fois qu'on le joue, la réflexion extérieure, le contexte de la pièce... Mais il faudra surtout ne pas en rester à ces questions périphériques, aussi nourrissantes soient-elles, pour regarder ce qui est écrit. Ce regard peut être guidé par des idées mais aussi par la musique même du passage. Jean-Claude Carrière l'a écrit en alexandrins, non rythmés, ce qui est un très bon équivalent des vers libres de Shakespeare de dix syllabes. Si vous les lisez en respectant la forme, la forme elle-même vous suggérera des choses. Pouvez-vous lire la première phrase ?

(Lecture brisée.)

"Vous avez l'air... mon fils... d'être d'humeur troublée..."

Vous coupez la phrase. Vous l'avez coupée deux fois, c'est trop. Pour commencer, avant de trouver la nécessité impérative de la couper éventuellement, ce qui pourrait venir plus loin, la première démarche est d'observer ce qui est écrit et qui est une seule phrase.

(Lecture continue.)

"Vous avez l'air mon fils d'être d'humeur troublée comme par le chagrin..."

"Comme par le chagrin" ne fait pas partie de la même phrase. C'est un alexandrin mais ce n'est pas le poète qui dit : "Je vais écrire un alexandrin." C'est exactement le contraire. Ce qu'il veut exprimer est lié au mot "troublée". C'est un mot qu'il faut laisser vibrer. Prenez maintenant : "comme par le chagrin".

"... comme par le chagrin"...

Essayez de goûter de manière subtile la beauté du mot "chagrin".

"... comme par le chagrin"...

Ce n'est pas une beauté abstraite mais une relation très particulière entre le mot et le sentiment. Jean-Claude Carrière a très bien reproduit la démarche de Shakespeare en choisissant un mot – chagrin – qui entre en résonance avec les sonorités, le *c*, le *m*, de "comme le..." "comme par le chagrin" permet à la voix d'être l'égale d'un geste tendre, exactement comme si, dans un ballet, vous faisiez un geste avec votre main, ou dans un opéra une certaine chute de phrase. La musique même de la phrase explique pourquoi elle est écrite comme ça. Ce n'est pas pour faire de la musique, ni pour faire beau, mais pour que la relation humaine soit portée par des mots. Lisez cette première phrase et sentez cette petite rupture, juste avant... "comme par le chagrin".

"Vous avez l'air mon fils d'être d'humeur troublée...
comme par le chagrin."

Oui, mais faites attention de ne pas vous laisser prendre par un ton poétique, ni solennel. La structure n'est pas naturelle mais le ton doit être tellement naturel que nous devons croire que c'est comme cela que tout le monde s'adresse à un jeune homme.

Allons plus loin.

"Nos acteurs, comme je vous l'ai dit, n'étaient que des esprits qui se sont dispersés dans l'air, dans l'air léger,
et de cette vision le support sans racine..."

Ici, il essaie d'exprimer une chose très complexe. "Nos acteurs, comme je vous l'ai dit, n'étaient que des esprits" est une introduction mais ensuite, "qui se sont dispersés dans l'air, dans l'air léger" souligne le grand thème de l'illusion, l'immatérialité des choses. "Dans l'air léger" n'est pas un bavardage. L'air est toujours léger, bien entendu, comme l'espace est toujours vide. Mais cela est volontaire, il y a une raison à trouver qu'il faut chercher plus loin.

"Nos acteurs, comme je vous l'ai dit, n'étaient que des esprits qui se sont dispersés dans l'air, dans l'air léger..."

Voyez que dans tout cela, le mot qui doit avoir une certaine qualité, celui que Prospero prononce c'est le mot "esprit". Pour lui, "esprit" fait partie de sa vie. Pour le personnage, l'esprit est une réalité vivante, quotidienne et nocturne. Pour nous, "esprit" n'est pas nécessairement un mot concret, pour le personnage, il l'est. Il ne faut donc pas dévaloriser le mot comme vous venez de le faire.

"... qui se sont dispersés dans l'air, dans l'air léger,
et de cette..."

Cela est écrit de telle manière que vous ne pouvez pas enchaîner. Plus tard dans le travail, vous pourrez faire mille choses mais au commencement, lors de la première étude, il faut tenir compte rigoureusement de la structure du texte écrit car ce n'est jamais gratuit. Cet alexandrin n'est pas un enchaînement automatique. Dans tout Shakespeare, au moment où une phrase s'arrête et une autre recommence, il y a une impulsion qui redémarre. Pour aborder le texte, il faut tenir compte de la moindre rupture, quitte à l'ignorer plus tard.

"Et de cette vision le support sans racine,
les tours couronnées de nuages..."

Là encore, les règles changent. La césure est très importante pour la simple raison que l'on passe d'un niveau émotionnel et intuitif à une certaine clarté de l'idée. Le mot "vision" amène une vraie dimension philosophique, or, si vous entrez trop rapidement dans "le support sans racine" tout devient incompréhensible.

"Et de cette vision le support sans racine,
les tours couronnées de nuages,
les palais somptueux, les temples solennels
et le vaste globe lui-même
et tout, oui tout ce qui peut hériter de lui,
va se dissoudre un jour, et, comme ce spectacle
immatériel s'est effacé,
il ne laissera pas une traînée de brume..."

S'IDENTIFIER AU PERSONNAGE

Si l'on veut s'identifier à Prospero, qui improvise au moment même cette pensée majestueuse et extraordinaire, il faut comprendre où ça va. Après "de cette vision", on ne peut pas couper la suite. C'est un bon exercice que de se demander chaque fois : "Est-ce qu'on peut couper la suite ?" On peut le faire après "l'air léger", mais peut-on le faire après "cette vision" ? Ces deux mots ne suffisent pas pour évoquer ce qu'il veut évoquer. Si Prospero improvisait ce texte dans la réalité, comme dans une conversation, il verrait devant lui le visage attentif mais un peu perdu du pauvre Ferdinand qui ne comprendrait pas. Il serait obligé d'aller plus loin et de préciser ce qu'il faut entendre par "le support sans racine", de donner ensuite le catalogue, "les tours couronnées", etc.

“... les tours couronnées de nuages, les palais somptueux”...

Non, non ! Vous avalez les mots. Essayez image par image. Ne soyez pas séduite par le charme des mots mais essayez au contraire d’évoquer d’une manière très claire chacune des images. Prospero parle très précisément de la “tour couronnée”, du “palais somptueux”, du “temple solennel”, tout cela est en train de s’élargir jusqu’à l’image de la Terre, à la totalité de nos impressions. Vous sentez cette escalade ? Lisez cela tranquillement.

“... les tours couronnées de nuages”...

Vous êtes maintenant trop prudente. Vous lisez un peu trop lentement. Trouvez le mouvement qui sort naturellement de la phrase. Ne présentez pas la phrase au public, ne “récitez” pas. Vous n’avez pas à faire une présentation de la “littérature”. Essayez de casser cela en disant franchement et totalement “tours couronnées de nuages” parce que vous voulez dire “tours couronnées de nuages”, à votre manière.

“... les tours couronnées de nuages, les palais somptueux, les temples solennels”...

Attention, maintenant vous galopez. Vous parlez de choses concrètes, il faut que tous ceux qui vous écoutent comprennent que les images ne sont pas identiques. S’il y avait parmi nous un Chinois qui ne comprend pas le français, il aurait l’impression que vous dites trois fois “les tours couronnées de nuages”. Les tours, les palais, les temples, quelque part c’est différent. Vous pouvez trouver cela en vous permettant à vous-même d’être guidée par la différence qui est déjà présente dans la phrase. Or, vous bloquez la différence. Il n’y a rien d’autre à faire que d’aller vers la différence. Essayez de le faire en vous adressant à trois personnes différentes, cela vous aidera.

"... les tours couronnées de nuages...
les palais somptueux...
les temples solennels"...

Vous voyez, tout cela n'est pas gratuit. Tout cela aide simplement à malaxer un texte qui au début est rigide et ingrat. Observez bien, "les tours couronnées, les palais somptueux, les temples solennels" sont des images courtes et vous avez ensuite un élément plus grand qui s'exprime par une phrase plus ample : "et le vaste globe lui-même"...

"... et le vaste globe lui-même, et tout, oui tout ce qui peut hériter de lui"...

L'ARRIVÉE AU SOMMET DE LA PENSÉE ABSTRAITE

Arrivé au bout de son improvisation intérieure, Prospero a l'obligation d'aller plus loin que le "vaste globe", il ajoute "et tout". Il utilise là un truc strictement shakespearien qui consiste, lorsqu'on est arrivé au sommet de la pensée abstraite "le vaste monde...", à ajouter une petite chose pour que cela devienne naturel. "Et tout ce qui peut hériter de lui" est là pour préparer la chute, inattendue. Il va dire après cela une phrase très simple...

"Et comme ce spectacle immatériel s'est effacé..."

Oui ! "Spectacle immatériel" ce sont deux mots qui pourraient n'en faire qu'un seul, qui choquent le garçon qui écoute. Ce n'est pas tous les jours que l'on colle ces deux mots ensemble. Voici des heures que nous parlons du spectacle et personne n'a jamais utilisé cette expression "spectacle immatériel" ! On n'a donc pas besoin de souligner cela de manière artificielle. Dites la phrase qui vient ensuite.

"... il ne laisse pas une traînée de brume"...

Tout amène, en passant par des idées, à cette phrase mystérieusement claire et obscure qui perd toute sa qualité si on lui donne le moindre côté intellectuel. Il a parlé de la totalité du monde, de l'expérience humaine, de la vie humaine et subitement voici une petite phrase "*il ne laisse pas une traînée de brume*" qui est le contrepoids de toutes les belles images précédentes. Cette phrase doit donc être très vivante mais légère ; si elle était lourde, explicative, elle perdrait sa dimension de contraste avec "*les temples solennels...*".

Nous voyons que pour un acteur, n'importe quelle tirade shakespearienne est difficile parce que le personnage n'a jamais fini de dire ce qu'il a à dire. Nous sommes arrivés jusque-là et Prospero n'a pas dit tout ce qu'il voulait dire. Il veut en arriver à sa propre conclusion, il veut que Ferdinand comprenne la suite.

> "*... car nous sommes de cette étoffe*
> *dont les rêves sont faits. Notre petite vie*
> *est entourée par un sommeil.*"

SENTIR POUR COMPRENDRE

Pour dire cela, on ne peut demander à un acteur jouant Prospero, même s'il se prépare pendant des semaines, d'y arriver tout de suite. Il faut qu'il traverse mille choses dans sa compréhension, "répéter, répéter, répéter", comme disait Jean Renoir. Sentir, à l'intérieur de lui-même, pour comprendre comment dire une phrase apparemment jolie et poétique de telle manière qu'elle soit l'expression unique de sa conviction la plus profonde.

Ce que dit Prospero est la leçon fondamentale de sa vie apprise à travers toute une vie et c'est cela qu'il veut transmettre à Ferdinand. Si l'acteur trouve l'attitude juste, alors la phrase sonnera naturellement parce que ce sera ce qu'il voudra dire et rien d'autre. S'il n'y arrive pas, ce sera un joli vers, une phrase d'auteur et nous serons à nouveau dans le théâtre bourgeois, lugubre et insupportable.

Je ne prétends pas qu'un acteur puisse y arriver tous les jours mais l'objectif est ce moment où, à travers des modes, des styles, des registres toujours changeants et fluctuants, il y aura une réalité naturelle derrière ce qui est dit.

Un acteur peut y arriver, à condition de trouver cette relation entre la liberté dans la recherche et la rigueur de la forme donnée sur le papier. Cette forme n'indique pas comment dire, ni comment jouer, elle nous aide simplement à comprendre.

Si vous refaisiez maintenant ce que nous venons de faire, ce serait, au mieux un travail d'élève mais pas encore du jeu. Il faut trouver cette autre forme qui est le jeu de l'acteur qui dépend de sa compréhension générale de la pièce, qui se développe progressivement tout au long des répétitions...

ENLEVER LES MAUVAISES HERBES

Il y a dans le texte que nous venons d'aborder, un piège que nous avons découvert pendant les répétitions, qui consiste à considérer qu'il s'agit d'un passage triste parce que la musique des phrases a apparemment le ton d'une marche funèbre, parce qu'à la fin tout va se dissoudre un jour. "Ne laissera pas une traînée de brume, car nous sommes de cette étoffe tragique dont les rêves sont faits et notre petite vie est entourée par le sommeil." Ce passage est si séduisant que j'ai entendu souvent des acteurs jouer cela de manière dépressive. Or, dans le contexte de la relation entre Prospero et Ferdinand, ce passage signifie simplement que tout va disparaître mais qu'il ne faut pas pleurer pour autant.

Le rôle du metteur en scène n'est pas alors de lui dire comment jouer, mais de créer un espace vide où les obstacles seront nettoyés. Il fera le travail du jardinier, enlever les mauvaises herbes pour que l'acteur puisse, des semaines durant, continuer à trouver les liens souterrains entre ce passage et le début, le milieu et la fin de la pièce. Jusqu'au moment où, un beau jour, avec le public, il trouvera vraiment pourquoi il dit cela. Tout le monde sera alors convaincu parce que le rythme sera juste, la forme sera juste également et elle n'aura rien à voir avec ce qu'on aurait prédit lors d'une simple analyse à la table. Ce travail à la table ne peut être qu'un outil qui nettoie le terrain pour cet autre outil qu'est l'intuition. Nettoyage indispensable cependant si l'on veut éviter que l'acteur ne s'engage aveuglément, étouffant les nuances et cachant le vrai sens.

UNE TECHNIQUE AU SERVICE DU VIVANT

Observez que Shakespeare, après avoir écrit tout cela, ramène le spectateur à la vie normale. Après la phrase très forte "notre petite vie est entourée par un sommeil", il ajoute "Monsieur, je suis inquiet". Tout de suite, il revient à la vie ordinaire avec un nouveau changement de gamme.

Cela nous permet de revenir à la réflexion sur la différence entre amateur et professionnel. Sans doute un amateur pourrait-il comprendre tous ces éléments mais en essayant de les suivre il se trouverait dans la situation d'un violoniste devant suivre des changements ultra-rapides, sans avoir la dextérité nécessaire.

Cela demande en effet, pour suivre tout cela intérieurement, dans cette zone où l'imagination de l'acteur, sa créativité se lient à la voix et au corps, une extraordinaire souplesse et une mobilité qui n'est pas donnée à tout le monde. C'est en grande partie le résultat d'un travail technique, mais une technique qui est là pour que tout reste vivant, frais, disponible, prêt à se mettre au service d'une intention. A la différence du chanteur à qui l'on demande de faire avec sa voix, qui est un instrument imprécis, une chose précise, le travail de l'acteur implique d'avoir des moyens qui sont impossibles à préciser, à coder, mais qui peuvent être stimulés par cette large gamme de tentatives dont nous avons abordé certains aspects.

Je souhaiterais revenir sur le "théâtre sacré". Vous aviez évoqué des expériences qui consistaient à communiquer la plus grande émotion possible avec le minimum de moyens possibles. Pouvez-vous nous parler de cela ?

LE DÉTAIL ET LA QUALITÉ

Nous avons touché à cela dans la petite tentative faite tout à l'heure pour toucher la sensibilité la plus fine dans le moindre mouvement de la main. Il est très intéressant de voir comment le moindre geste peut être vide ou plein, exactement comme une phrase. On peut dire "Bonjour" à quelqu'un sans dire ni "bon", ni "jour", et sans même s'adresser à la personne. On peut serrer la main de manière automatique ou avec sincérité... Nous avons eu sur ce thème, lors de nos voyages, de grandes discussions avec des anthropologues. Pour eux, la différence entre le geste de serrer la main et celui de saluer à la manière indienne, avec les mains jointes, est une différence "culturelle". Du point de vue de l'acteur, cela n'a aucune importance. Nous savons qu'il est possible d'être aussi hypocrite, ou sincère, avec un geste ou avec un autre. Nous pouvons être parfaitement informés sur la qualité d'un geste, même s'il n'appartient pas à notre culture.

L'acteur doit savoir, quel que soit le geste, qu'il peut consciemment le laisser se remplir d'une signification véritable.

La qualité se trouve dans le détail. La présence d'un acteur, ce qui donne la qualité à son écoute, à son regard, est une chose en partie mystérieuse, mais en partie seulement. Ce n'est pas totalement en dehors de sa capacité consciente et volontaire. Il peut trouver cette présence à partir d'un certain silence en lui-même. Ce que l'on peut appeler le "théâtre sacré", l'invisible, part de ce silence, à partir duquel il est possible d'inventer toutes sortes de gestes. Dans ce cas, même un Esquimau comprendra si un geste indien, ou africain, est un geste d'accueil ou d'agressivité. On peut informer n'importe quel geste ou n'importe quel son de cette manière, ou ne pas le faire. Tout est affaire de détail ! De qualité !

Ai-je répondu aux questions de ce matin ?

Vous êtes maintenant silencieux...

Dans les corridas, nous savons que le vrai travail du matador se trouve dans le long processus qui aboutit au moment précis où il regarde le taureau, immobile. Comme nous ne voulons pas aller plus loin, jusqu'à la mise à mort, nous pouvons en rester là.

En silence.

(Applaudissements.)

TABLE

Cet ouvrage a été réalisé
sous la direction de Christian Dupeyron et Claire David,
18, rue de Savoie, 75006 Paris

Réalisation : Ateliers graphiques Actes Sud.
Impression : sur papier des
Papeteries de Jeand'heurs,
par l'Imprimerie Darantiere
à Quetigny-Dijon.
Les cahiers ont été cousus et brochés.

N° éditeur : 1071
Dépôt légal : juillet 1989.
N° imprimeur : 530